Arena-Taschenbuch
Band 1511

GW00373817

Das Schicksal dieses Mädchens wird erschütternd realistisch dargestellt. Die immer mehr ansteigende Spannung bis zu einem Schluß, der alles offenläßt, sorgt für ein intensives Leseerlebnis.

Isolde Heyne

...und keiner hat mich gefragt!

Ausgezeichnet mit dem
»Preis der Leseratten« des ZDF

Arena

CIP-Kurztitelaufnahme der Deutschen Bibliothek

Heyne, Isolde:
. . . und keiner hat mich gefragt! : Isolde Heyne.
– 4. Aufl., 33. – 40. Tsd. – Würzburg: Arena, 1988.
(Arena-Taschenbuch; Bd. 1511)
ISBN 3-401-01511-7
NE: GT

4. Auflage als Arena-Taschenbuch 1988
33. – 40. Tausend
© 1981 by Arena-Verlag Georg Popp, Würzburg
Alle Rechte vorbehalten
Umschlaggestaltung: Gay Spindler
Lektorat: Rita Harenski
Gesamtherstellung: Pfälzische Verlagsanstalt, Landau
ISSN 0518-4002
ISBN 3-401-01511-7

Inhalt

Zwei Wünsche

Nie würde Inka die Enttäuschung vergessen, die ihr der zehnte Geburtstag brachte. Dabei hatte sie gerade auf diesen Tag große Hoffnungen gesetzt, denn ein zehnter Geburtstag ist schon was Besonderes.

Auf dem Wunschzettel standen nur zwei Dinge: Adoptiveltern und Sportschule. Natürlich hätte Inka auch anderes ganz dringend haben wollen, Bücher zum Beispiel, oder sogar ein Paar Rollschuhe. Aber sie verkniff sich jede Äußerung darüber, damit ihre zwei Wünsche in Erfüllung gehen würden.

Dabei konnte sie nicht einmal genau sagen, was sie sich mehr wünschte. Mehrmals zerriß sie den Zettel, den sie eine Woche vor dem Geburtstag bei der Heimleiterin abgeben mußte, weil sie sich nicht entscheiden konnte, ob sie die Sportschule oder die Adoptiveltern an die erste Stelle rücken sollte. Schließlich schrieb sie die beiden Worte nebeneinander und malte ein dickes *und* dazwischen. Doch auch diesen Zettel veränderte sie noch einmal, denn wie die beiden Wünsche so auf dem Papier standen, erschienen sie ihr zu unbescheiden. So schrieb sie dann noch darunter: Ich verpflichte mich, für zwei Jahre auf alle Geschenke zu verzichten. Auch zu Weihnachten. Dann setzte sie ihren vollen Namen darunter: Ina Karsten. Sie wußte, daß Frau Nogler, die Heimleiterin, Abkürzungen nicht ausstehen konnte. Also kam »Inka« als Unterschrift gar nicht in Frage.

Trotzdem waren die Tage bis zum Geburtstag voller Zweifel,

ob sie sich nicht doch zu viel gewünscht hatte. Wenn sie Frau Nogler sah, forschte sie in deren Gesicht. Sie hätte wer weiß was für ein kleines zustimmendes Kopfnicken gegeben, aber nichts geschah.

Inkas Freundin Tutty meinte auch, daß das mit den zwei Wünschen nicht gutgehen könnte.

»So ein Quatsch!« schimpfte sie. »Für so'ne Sache, da mußt du was tun. Det kannste nich einfach wünschen. Mit 'ner Drei in Mathe kommste nie auf deine Sportschule. Det steht fest.«

»Aber meine Trainingszeiten! Ich bin noch besser geworden. Da müssen sie mich einfach nehmen!« trumpfte Inka auf. Dabei saßen ihr die Tränen so locker in den Augenwinkeln, daß sie sich umdrehen mußte, um sie heimlich wegzuwischen.

Inka hatte auch Angst, Tutty könnte sie wieder verspotten, weil sie unbedingt so gut schwimmen wollte wie Cornelia Enders.

Aber Tutty sagte etwas ganz anderes.

»Mit uns aus'm Heim können die sowieso keine Reklame machen. Die wollen auf deiner Sportschule nur solche, die aus 'ner Arbeiterfamilie sind. Vater mindestens Aktivist* oder so wat.«

»Und wenn man Adoptiveltern hätte, wo jemand einen Orden hat?«

»Na, dann finde mal so wen! Die ham damit zu tun, ihre Orden zu verteidigen und wieder Sozialistische Brigade zu werden. Det haste doch jesehn in unserem Patenbetrieb. Denkste, so eine Frau hat noch Zeit, sich ein Heimkind zu nehmen?« Inka mußte ihr recht geben, denn die Frauen der Patenbrigade im VEB Perfecta saßen den ganzen Tag am

---

* Was ein Aktivist ist und weitere Erläuterungen findet ihr im Nachwort der Autorin.

Fließband und nähten Kleider. Die mußten ja hundemüde sein, wenn die Schicht aus war. Und dann noch das Einkaufen und die Versammlungen.

Tutty war richtig in Wut gekommen. Sie verstand Inkas Sehnsucht nach einem richtigen Zuhause nicht, weil sie selbst lieber im Heim war. Und außerdem wollte sie unter keinen Umständen, daß Inka wegkam, weil sie dann keine Freundin hätte, mit der sie über alles reden konnte. Inka hielt den Mund und schwatzte nicht über Dinge, die andere nicht zu wissen brauchten.

»Du mußt froh sein«, sagte Tutty, »wenn dich überhaupt jemand nimmt. Und Ansprüche kannste schon gar nich stellen. Oder trauste dir etwa, die Leute zu fragen, die sich für dich interessieren: Sind Sie vielleicht Aktivist oder Held der Arbeit?«

Ja, damit hatte Tutty recht. Das war überhaupt nicht möglich. Wenn die Heimleiterin einen rief, um den Leuten zu sagen: »Die könnten Sie kriegen!«, dann mußte man sich anständig benehmen, sonst liefen die Leute gleich wieder davon, und es kam nicht mal eine Einladung für den Sonntag dabei raus. Inka war schon dreimal bei Leuten eingeladen gewesen. Die hatten sicher gedacht, daß sie sich mit allen möglichen Dingen vollstopfen lasse und auf das Heim schimpfe. Wegen des Sports verkniff sich Inka meistens die Süßigkeiten, und warum sollte sie auf das Heim schimpfen? Ob es in einer Familie besser wäre, wußte sie ja noch nicht. Das wollte sie eben mal ausprobieren. Schon wegen des eigenen Zimmers, das sie dann ganz allein für sich hätte. Manchmal ganz allein sein und tun dürfen, was sie wollte, das wünschte sich Inka sehr.

Das Zimmer im Heim, das sie zu viert bewohnten, hieß »das Mauseloch«. Gegenüber war die Katzenstube, und im gleichen Flur waren noch das Schwalbennest, das Bienenhaus und das Storchennest. Nur die Jungen hielten sich nicht an die von den Mädchen erdachten Bezeichnungen ihrer Zimmer. Sie sprachen spöttisch vom Ziegenstall, vom Papageienkäfig oder der Flohkiste. Dafür hatten sie für ihre Zimmer hochtrabende Namen ausgesucht: Adlerhorst, Bärenhöhle und so.

Im Mauseloch war es sehr gemütlich. Die zwei Doppelstockbetten nahmen nicht so viel Platz ein, deshalb konnte der große runde Tisch mitten im Zimmer stehen. Inkas Bett stand am Fenster. Sie konnte, ohne den Kopf zu heben, in die Krone der großen Kastanie schauen. Jetzt im Mai hatte sie dicke weiße Kerzen. Im Herbst zählte Inka vom Bett aus die Kastanienigel, wenn sie unten ins Gras fielen und platzten.

Unter ihr schlief Tutty. Oft aber saß sie mit Inka oben, und sie ließen die Beine baumeln.

»Tun mußte wat, sonst klappt det nie!« behauptete Tutty im reinsten Berliner Dialekt. Inka wußte nicht gleich, was sie meinte, doch dann begriff sie.

»Du meinst bei der Elternsuche?«

»Na klar – wenn du doch schon hier raus willst . . .«

Mit Tutty konnte sie in dieser Frage nie einig werden. Aber bei Tutty lag der Fall ja ganz anders: Sie hatte Eltern. Manchmal durfte sie sogar nach Berlin fahren, um ihre Eltern zu besuchen. Stolz konnte sie zwar auf diese Eltern nicht sein, doch das war eine ganz andere Geschichte.

»Kiek dir aber die Leute jenau an, zu denen du kommst, sonst isset besser, du bleibst im Heim. Da weeßte, wat Sache is.« Das waren klare Worte, und für Tutty war die Sache damit für diesmal auch ausgestanden. Aber Inka machte sich Hoffnungen wegen des Geburtstagswunschzettels. So einfach konnte sie sich mit den Tatsachen nicht abfinden.

Klar, besser als solche Eltern wie die von Tutty mußten sie schon sein. Sie durften nicht trinken und auch nicht im Gefängnis rumsitzen. Da wären ja ihre Pläne mit der Sportschule gleich ins Wasser gefallen. Aber solchen Leuten gaben sie ja gar keine Adoptivkinder. Und deshalb waren Tutty und ihr Bruder Alex auch ins Heim gekommen. Nur der große Bruder, der Jörg, war draußen. Der hatte sogar ein eigenes Zimmer gemietet, weil er schon achtzehn war und nicht mehr bei den Eltern zu bleiben brauchte. Auf den Jörg war Tutty besonders stolz. »Wenn ick achtzehn bin«, schwärmte sie oft, »nehme ick mir ein möbliertes Zimmer. Dann kann mir keener dazwischenquatschen, wat ick machen soll und so. Und dann jeh ick auf die Schauspielschule. Kannste glauben!«

»Aber dann mußt du erst mal richtig sprechen lernen«, sagte Inka und hänselte Tutty damit, daß sie so berlinerte.

Von ihrem Standpunkt aus hatte Tutty natürlich recht. Aber bei Inka war das eben ganz anders. Ihr wäre jedes Zuhause recht gewesen, wenn es nur ein eigenes war. Aber sie hatte niemanden. Nicht mal eine Oma oder eine Tante. Auch keinen Bruder oder eine Schwester. Niemanden hatte sie.

Frau Nogler hatte ihr gesagt, sie solle nicht immer danach fragen. Wenn sie alt genug sei, werde sie schon erfahren, wie alles war. Aber wann ist man alt genug?

Frau Nogler sagte, die Eltern seien tot. Bei einem Unfall ums Leben gekommen. Und sonst wäre keiner da, der sich um sie kümmern könnte: »Dein Zuhause ist das Heim, Ina.«

Mehr war aus Frau Nogler nicht herauszubekommen.

An die Eltern konnte sich Inka überhaupt nicht erinnern. Nicht mal ein Bild hatte sie. Nur einen kleinen zerzausten Teddybären. Manchmal stellte sie sich vor, daß die Mutter ihr den Teddy gekauft habe, als sie noch ganz klein war. Aber so sehr sie sich auch darum bemühte, sie konnte sich kein Bild machen, wie die Mutter oder der Vater ausgesehen hatten.

Inka träumte oft mit offenen Augen. Das hatten sie in der Schule nicht gern, weil sie dann im Unterricht nicht aufpaßte. Aber das waren Inkas schönste Stunden, weil dann alles nach ihrem Wunsch ging. Sie machte sich auch gar nichts daraus, wenn sie deshalb eine Rüge bekam oder eine Eintragung ins Klassenbuch. Frau Nogler schimpfte auch nicht deswegen. Sie sagte meistens nur: »Bleib mit den Beinen auf der Erde, Ina. Wolkenkuckucksheim ist nichts für dich.«

Tutty rutschte vom oberen Bett auf ihres hinunter, weil sie merkte, daß Inka wieder mal nicht allzu gesprächig war. Das alles war auch schon so oft besprochen worden, was sollte dazu noch gesagt werden?

Inka kletterte ebenfalls vom Doppelstockbett herunter und holte ihre Schwimmsachen aus dem Schrank. Dreimal in der Woche ging sie in die Volksschwimmhalle trainieren. Das war eine schöne Sache. Trotzdem wollte sie lieber im großen beheizten Schwimmbecken des Stadions oder in der Schwimmhalle der Hochschule für Körperkultur trainieren können. Dazu mußte man allerdings zum Nachwuchskader gehören, der für die Wettkämpfe im Ausland trainiert wurde. Inka war über die Kinder- und Jugendspartakiade zum Sport gekommen. Nun war ihr Ehrgeiz einmal geweckt, und sie trainierte wie besessen, um ihre Zeiten im Brustschwimmen ständig zu verbessern. Das war *ihre* Chance, in die Sportschule aufgenommen zu werden. Und dann stand ihr die Welt offen.

So glaubte sie wenigstens, wenn sie in der Bezirkszeitung verfolgte, daß die Schwimmer fast jedes Wochenende irgendwo anders hinfuhren. Immer unterwegs, nicht nur die langweiligen Samstage und Sonntage im Heim. Ein paarmal war Inka auch schon zu Wettkämpfen mitgefahren, nach Rostock und nach Dresden. Davon konnte sie dann tagelang schwärmen.

In Gedanken ging Inka oft den Weg zum Stadion, das ein eigenes Schwimmbecken hatte, mit Zuschauerrängen, Sprungturm und allem, was dazugehörte. Sie sah sich vom Schwimmbecken aus ins Wasser gleiten und die Bahn hinunterschwimmen, eine glatte Wende und wieder zurück – anschlagen – geschafft! Alle noch hinter ihr!

Aber die Wirklichkeit sah ein bißchen anders aus. In der Volksschwimmhalle war ein Trubel, daß man das eigene Wort nicht verstehen konnte, obwohl die Halle um diese Zeit nur für Trainingsgruppen geöffnet war. Inka liebte diese Trainingsstunden trotzdem. Schon wenn sie unter der Dusche stand, genoß sie es so richtig, sich das warme und das kalte Wasser über den Körper laufen zu lassen. Der Geruch des gechlorten Wassers im Becken kitzelte schon im Vorraum ihre Nase, und während das Wasser prickelnd über ihren Rücken floß und über das Gesicht, nahm sie sich vor, alle Kraft zusammenzunehmen und eine besonders gute Zeit zu schwimmen. Zunächst allerdings war die Verbesserung des Schwimmstils an der Reihe. Das hatten sie alle nicht so gern, aber es mußte sein. Also Bahn um Bahn schwimmen.

Aber an diesem Nachmittag konnte sich Inka nicht so recht konzentrieren. Die gleichmäßigen Bewegungen verführten dazu, die Gedanken wandern zu lassen. Sie waren eine Gruppe von sechs Mädchen, aber die Trainerin Johanna konnte nur zwei Bahnen für ihre Gruppe bekommen, deshalb mußten sie sich abwechseln.

Als Inka neben Johanna auf der Bank am Beckenrand saß, nahm sie all ihren Mut zusammen und fragte: »Hast du schon mit Frau Nogler gesprochen? Wegen der Sportschule?« Sie durften Johanna duzen, obwohl sie schon zwanzig war und an der DHfK (das ist die Deutsche Hochschule für Körperkultur in Leipzig) studierte. Johanna wollte Sportlehrerin werden oder Sportwissenschaftlerin. Deshalb trainierte sie mit einer Gruppe, sogar in ihrer Freizeit. Sie nahm es auch sehr genau mit dem Training und ließ nichts durchgehen.

Johanna spielte mit der Stoppuhr. Sie sah Inka nicht an, als sie sagte: »Das hängt doch nicht von Frau Nogler ab.«

»Von wem denn?« fragte Inka. Sie spürte, wie sie vor Erregung ganz rot wurde. »Wer muß denn die Zustimmung geben? Das Heim doch!«

Johanna stand auf und gab den zwei Mädchen, die gerade im Wasser waren, ihre Anweisungen. Als sie zurückkam, sagte sie: »Ich habe schon mit Frau Nogler gesprochen. Sie will ja auch den Antrag stellen. Aber ob etwas daraus wird, das kann ich dir nicht sagen. Auf jeden Fall solltest du fleißig weitertrainieren.«

Es schnürte Inka fast die Kehle zu, weil sie merkte, daß Johanna Ausflüchte machte. Und das drei Tage vor ihrem zehnten Geburtstag!

»Ruf sie bitte noch mal an und erinnere sie an den Antrag«, bettelte Inka. Die Trainerin nickte ihr freundlich zu, und Inka glaubte ihr auch, daß sie es tun würde. Dann schickte sie Inka zum Startblock.

Die andere Gruppe hatte die Bahnen freigemacht, so daß jetzt alle sechs Mädchen nach der Stoppuhr schwimmen konnten. Inka nahm ihre ganze Kraft zusammen, und sie hatte das Gefühl, nach dem Startpfiff wie ein Pfeil abzuschnellen. Sie atmete, wie sie es gelernt hatte, teilte mit kräftigen Zügen das Wasser und stieß sich bei der Wende mit aller Energie, die sie besaß, ab. Alles klappte bestens. Als sie als erste am Ziel anschlug, klopfte ihr das Herz bis zum Halse. Sie hatte ganz weiche Knie, als sie die Leiter emporkletterte und auf den glatten Fliesen zu Johanna hinlief.

»Na?« fragte sie und versuchte, im Gesicht der Älteren zu lesen.

»Besser«, sagte Johanna. »Viel besser als sonst. Wenn du so weitermachst, dann . . .«

»Was ist dann?« wollte Inka wissen, weil Johanna mitten im Satz abgebrochen hatte.

». . . dann wirst du es bestimmt mal schaffen«, vollendete Johanna den Satz. Aber Inka fühlte genau, daß dies nicht das war, was Johanna zuerst hatte sagen wollen. Es war etwas, was sie nicht wissen sollte. Irgendwie machten alle Ausflüchte!

Doch dann schoß ihr der Gedanke durch den Kopf: Natürlich! Sie dürfen es mir ja nicht sagen, weil es eine Geburtstagsüberraschung werden soll. Daß ich nicht gleich daran dachte! Ihr Gesicht hellte sich wieder auf. Übermütig lief sie zum Einmeterbrett, um wieder einmal einen Salto zu versuchen. Wie üblich ging das schief, aber diesmal machte sich Inka gar nichts daraus.

Ein Tagebuch für Inka

Immer wieder, bis zum Geburtstag, stellte sich Inka die Frage, ob sie sich die Sportschule oder die Pflegeeltern mehr wünschte. Unter der Sportschule konnte sie sich etwas vorstellen. Im Internat war es sicher ähnlich wie hier im Heim, nur daß der Schulunterricht noch besser auf den Sport abgestimmt war und das Training mehr Freizeit wegnahm. Aber das wäre Inka schon recht gewesen, denn ihr liebster Aufenthaltsort war ja eben die Schwimmhalle.

Von einer richtigen Familie aber hatte sie nur unklare Vorstellungen. Sie verschlang regelrecht alle Bücher, die von

Kindern in Familien handelten. Aber meistens war in diesen Familien irgend etwas nicht in Ordnung. Manchmal gab es keinen Vater, dann wieder keine Mutter. Oder es gab Streit zwischen allen. Nein, auf so eine Familie konnte man glatt verzichten.

Auch auf die Frage, ob sie sich eine Schwester oder einen Bruder dazu wünschte, konnte Inka keine Antwort geben. Vielleicht war das auch gar nicht möglich, denn wer wollte schon noch ein Adoptivkind, wenn er eigene hatte?

Inkas Gedanken wollten gar nicht zur Ruhe kommen. Lange lag sie abends schlaflos im Bett und dachte an den bevorstehenden Geburtstag.

Tutty unter ihr schniefte leise. Auch die beiden anderen schliefen längst. Aber Inka lag gern so da, wenn keiner mehr ihre Gedanken stören konnte. Oft verstand nicht mal Tutty ihre Wünsche und Pläne.

Daß Inka zur Sportschule wollte, konnte Tutty gerade noch begreifen, obwohl sie ihr vorwarf, daß der Ehrgeiz sie noch einmal auffressen werde. Aber Adoptiveltern? »Nee! Besten Dank!« war dazu ihre ständige Antwort.

Inka schob vorsichtig die Übergardine beiseite. So konnte sie, auf dem Bauch liegend, hinausschauen. Die weißen Kastanienkerzen schimmerten hell im Mondlicht. Es war, als hätte der Baum schon ihre Geburtstagskerzen aufgesteckt. Inka schaute so lange in das Mondlicht hinaus, bis ihre Augen tränten. Dann schlief sie wohl doch ein, denn am Morgen entsann sie sich, daß sie wieder den Traum, *ihren* Traum, gehabt hatte.

Den Traum, den sie so oft träumte, daß er ihr beinahe wie Wahrheit vorkam: Eine Frau mit langem, dunklem Haar setzt sie, Inka, die noch ganz klein ist, auf eine Schaukel, die an einem dicken Ast der Kastanie hängt. Wenn sie hochschwingt, kann sie mit ihren Füßen die Blätter streifen, und wenn es wieder abwärts geht, lacht die Frau und gibt Inka einen kleinen Stups, so daß es mühelos wieder nach oben zu den Blättern geht. Gern möchte Inka auch einmal die dunklen Haare der Frau anfassen, weil sie so schön in der Sonne glänzen, aber die Schaukel schwingt unentwegt weiter und läßt Inka nirgends verweilen. Es geht immer auf und ab, auf und ab.

Trotzdem liebte Inka diesen Traum. Wenn sie morgens erwachte, öffnete sie nicht gleich die Augen. Sie versuchte, den Traum weiterzuspinnen. Wenigstens einmal wollte sie in die Arme der Frau springen und mit den Händen in das glänzende dunkle Haar greifen. »Fang mich doch auf!« wollte sie rufen, aber meistens waren die anderen schon wach und störten ihre Gedanken.

An Inkas Geburtstagsmorgen jedoch verhielten sie sich mucksmäuschenstill. Sie nahmen ihre Kleider und verschwanden im Waschraum, ohne wie üblich die Tür hinter sich ins Schloß fallen zu lassen, daß es nur so krachte. Inka wußte, daß nun ihr Eßplatz mit einer Blumenranke geschmückt wurde und man die Geschenke auf einem besonderen Tisch aufbaute. Sie hatte das ja selbst viele Male für die anderen getan. Inka konnte sich sogar vorstellen, was dabei gesprochen wurde. Tutty wird das Wort führen, dachte sie, und war dabei ein klein wenig auf das Geschenk neugierig, denn das blieb immer ein Geheimnis, auch wenn sich die Mädchen noch so gut verstanden.

Bei dem Gedanken an Geschenke wurde es Inka ganz eng im Hals. Sie bekam wieder Angst, daß ihre beiden großen Wünsche nicht erfüllt werden könnten. Hastig kletterte sie aus dem Bett und lief in den Waschraum, wo nun schon reger Betrieb war. Verblaßt war der schöne Traum mit der Schaukel. Sie hatte ihn wieder nicht zu Ende denken können.

Während des Waschens dachte sie schon gar nicht mehr

daran. Sie beeilte sich, in die Sachen zu kommen. Auf die üblichen Späße, die jeden Morgen im Waschraum getrieben wurden, ging sie diesmal gar nicht ein. Je näher der Augenblick herankam, daß sie den Eßraum betreten und ihren Geburtstagstisch anschauen durfte, desto mehr schnürte ihr die Angst die Kehle zu. Vielleicht lag nur ein Zettel auf dem Tisch, auf den mit Schreibmaschine geschrieben war: Ina Karsten, Schülerin der Klasse 4b, wird zur Sportschule delegiert. Sie dachte das Wort *delegiert* ganz langsam und vorsichtig. Es war ein neues und fremdes Wort für sie, das sie erst vor wenigen Tagen von Johanna gelernt hatte. »Delegiert«, das war etwas, was andere für sie bestimmten. Daran konnte man nichts ändern. Es war nur gut, wenn man dort, wo sie das beschlossen, jemanden hatte, der einen gut leiden konnte. So hatte Johanna ihr das erklärt.

Hoffentlich habe ich bei dem Stadtbezirk viele, die bei der Abstimmung wegen der Sportschule die Hand für mich heben, dachte Inka. Das Wort »Stadtbezirk« dachte sie auch mit Scheu, denn meistens wurde dort etwas beschlossen, was Ärger mit sich brachte. Auch Frau Nogler hatte Angst vor dem Stadtbezirk, wenigstens manchmal.

Vielleicht waren aber auch Leute gekommen, die sie einfach mitnehmen wollten? Adoptiveltern – oder wenigstens Pflegeeltern, die es mal mit ihr probieren wollten.

Das war schon einmal vorgekommen. Bei einem Jungen. Genau an seinem Geburtstag hatten ihn Leute aus dem Heim geholt. Aber was war, wenn Frau Nogler zu ihr sagte: »Zur Sportschule kommst du nicht, und Eltern kannst du auch nicht kriegen!« Was dann?

Als Inka wieder ins Mauseloch zurückkam, waren Tutty, Brit und Angelika schon wieder aus dem Eßraum zurück und packten ihre Schulsachen ein. Sie taten geheimnisvoll, kicherten und machten sich über Inka lustig.

»Guck mal, Tutty! Sieben Tage Regenwetter und mit dem linken Bein aufgestanden!« sagte Brit. Sie gab Inka einen kleinen Stups, aber Inka wehrte sich nicht einmal.

Wenn die wüßten, was ich für Angst habe, dachte Inka. Die Tränen saßen ihr ganz locker. Sie zwang sich, nicht zu weinen. Das tat zwar mehr weh, als so richtig losheulen zu können, aber Inka hatte sich vorgenommen, ab ihrem zehnten Geburtstag nur noch zu weinen, wenn es nicht mehr anders ging. Und auf keinen Fall vor den anderen!

Richtig geschworen hatte sie sich das und ganz harte Strafen ausgedacht, falls sie einmal rückfällig werden sollte. Harte Strafen waren zum Beispiel: eine Woche nicht lesen, freiwillig Küchendienst machen, nicht länger als notwendig in der Schwimmhalle bleiben.

Als Tutty, Brit und Angelika gemeinsam mit ihr den Eßraum betraten, schaute Inka schnell mal zum Geburtstagstisch hin, obwohl sie erst die gemeinsame Gratulation über sich ergehen lassen mußte. Sie bekam einen richtigen Schreck, als sie Rollschuhe, Bücher, einen Anorak und einen Badeanzug neben den kleinen Päckchen entdeckte, die die persönlichen Geschenke der Freundinnen enthielten. Neben dem Tisch standen auch keine Leute, die sie mit zu sich nach Hause nehmen wollten, sondern nur Frau Nogler, die nun sagte: »Alles Gute, Ina Karsten. Und die Drei in Mathe – die kommt nächstes Jahr weg, nicht wahr?«

Inka schluckte tapfer die Tränen hinunter. Zaghaft fragte sie: »Und die Sportschule, und . . .«

Die Heimleiterin fuhr ihr mit der Hand über den Kopf. Es sollte sicherlich ein Streicheln sein. »Darüber reden wir ein anderes Mal, ja?«

Dann ging sie an ihren Platz, und das Frühstück begann wie immer.

Zu jedem anderen Geburtstag hätte Inka sich über die Kerze

an ihrem Eßplatz, über die Blumen und das Stück Kuchen auf ihrem Teller gefreut. Doch diesmal hatte sie damit zu tun, ihre Tränen zurückzuhalten. Zu groß war die Enttäuschung. Sie konnte sich über gar nichts freuen.

Nach dem Frühstück wickelte sie die winzigen Päckchen aus, Geschenke, die ihr die Kinder im Heim gemacht hatten. Es war üblich, daß alle, die einander gern mochten, sich zum Geburtstag und zu Weihnachten beschenkten, und alles geschah unter größter Geheimhaltung. Ein richtiger Wettbewerb war entstanden, wer die meisten Päckchen auf dem Gabentisch liegen hatte. Inka mußte viele Überraschungspäckchen öffnen, von Mädchen und von Jungen. Sie war beliebt unter den Heimkindern.

Am liebsten hätte sich Inka aber ins Mauseloch verkrochen und unter ihrer Bettdecke versteckt. Doch sie durfte die anderen nicht enttäuschen, die wochenlang an ihren Heimlichkeiten gebastelt hatten und nun wenigstens ein freundliches Dankeschön erwarten durften.

»Heute nachmittag gibt's Eis. Für alle!« versprach Inka. Dafür hatte sie lange gespart und Frau Nogler schon vor Tagen ihr Taschengeld gegeben, damit sie Eis besorgte und Inka nachmittags alle ihre Freundinnen bewirten konnte.

Ein größeres Päckchen ließ Inka bis zuletzt unausgepackt. Dann kam auch dieses an die Reihe. Es war das Geschenk der Patenbrigade aus dem VEB Perfecta und enthielt ein Tagebuch mit einem richtigen Schloß und einem Schlüssel dazu. Inka war von diesem Geschenk so überrascht, daß ihr nun doch die Tränen kamen. Etwas, das sie ganz für sich allein haben konnte!

Den Schlüssel werde ich immer bei mir tragen, dachte sie und war nun doch ein wenig froh, weil sie in das Tagebuch alles schreiben konnte, ohne daß es jemand anderes lesen konnte als sie selbst. Auch Frau Nogler nicht.

Die anderen halfen ihr, die Geschenke ins Mauseloch zu tragen. Inka nahm einen Wollfaden, zog ihn durch den Schlüsselring und hängte sich den Schlüssel des Tagebuches um den Hals, obwohl noch kein Wort darin stand. Aber Ordnung mußte schließlich sein, gleich vom ersten Tage an. »Da kannst du ja deine Geheimnisse reinschreiben, von deinem Freund und so«, sagte Brit.

Aber Tutty lachte: »Nee, Freund is nich bei Inka, die hat bloß ihren Sport im Kopp. Und ihr großes Vorbild – die Conny Enders.« Irgendwie war Inka nun doch stolz auf das Geschenk, denn sie merkte, daß die anderen sie darum beneideten. Etwas, das sie ganz für sich allein haben konnte. So etwas hatten die anderen nicht.

In der Schule hatte sie dann gleich noch eine kleine Freude. Susanne Kirsten, die eine Bankreihe vor ihr saß, schenkte ihr vier bunte Filzstifte. Einen roten, einen blauen, einen grünen und einen gelben. Und alle vier waren in einer durchsichtigen Plastikhülle. So etwas hatte Inka noch nie besessen. Damit konnte sie jetzt sogar Zeichnungen in ihrem Tagebuch machen und bunt unterstreichen, was wichtig war.

Doch dann verlief der Tag wie jeder andere auch. Als Inka sich abends in ihr Bett verkroch, zog sie die Decke über sich und weinte lange. Es war ihr gleichgültig, daß sie ihren Schwur gleich am ersten Tage brach und dafür die ganze folgende Woche büßen mußte. Sie würde die Geburtstagsbücher nicht anrühren, die Schwimmhalle gleich nach dem Training verlassen und – nein, Küchendienst mache ich nicht! Frau Kaminskys Gerede konnte sie momentan nicht ausstehen, und die hatte nun mal über alles zu bestimmen, was in der Küche geschah. Die ließ einen glatt die ganze Woche Geschirr abtrocknen, wenn man nicht freundlich genug grüßte.

Als Inka sicher war, daß die anderen schliefen, holte sie die winzige Taschenlampe unter dem Kopfkissen hervor. Es war Tuttys Geschenk. Nun konnte Inka heimlich nach dem Lichtauslöschen noch lesen. Aber jetzt zog sie das Tagebuch aus dem Versteck unter der Matratze hervor und öffnete das Schloß. Dann streichelte sie das glatte weiße Papier. So viele leere Seiten! Immer wieder fuhr sie mit der Hand darüber hin und bewunderte auch den schönen braunen Kunstleder-einband und das winzige Schloß.

Dann nahm sie den Schulfüller und schrieb die ersten Zeilen: »Heute bin ich zehn Jahre alt geworden. Ich bin sehr traurig. Vorhin habe ich tüchtig geweint, weil meine Geburtstags-wünsche nicht geklappt haben. Die Sportschule wünsche ich mir doch mehr als die Pflegeeltern. Das weiß ich jetzt genau. Ich schwöre, daß ich eine ganz große Sportlerin werde. So wie die Cornelia Enders. Bestimmt. Und sie werden mich dann aufnehmen müssen. Das schwöre ich.«

Den letzten Satz unterstrich Inka ganz dick mit dem roten Faserstift. Es sah nicht besonders schön aus. Aber schließlich war ja wichtig, was sie geschrieben hatte, und nicht, wie es geschrieben war. Und hier konnte auch Herr Kallmus keine schlechte Zensur hinschreiben, denn in diesem Tagebuch hat-ten Zensuren nichts zu suchen. Überhaupt durfte keiner etwas hineinschreiben außer ihr. Und niemand durfte es lesen. Niemand.

Sorgfältig verschloß Inka das Tagebuch, steckte es unter die Matratze und knipste die kleine rote Taschenlampe aus. Sie mußte sparsam damit umgehen, denn eine Batterie war teuer und ihr Taschengeld knapp. Aber dafür konnte sie nun immer abends im Bett etwas in ihr Tagebuch schreiben. Das war fast wie ein eigenes Zimmer. Wenn ich das Tagebuch mit in die Sportschule nehme, brauche ich auch keine Adoptivel-tern, dachte Inka.

Über diesen Gedanken versiegten endlich ihre Tränen, und

bald darauf schlief sie ein. Aber der schöne Traum mit der Schaukel kam in dieser Nacht nicht wieder.

Die fremde Frau auf dem Foto

Je mehr Zeit darüber hinwegging, desto wichtiger wurde für Inka die Erfüllung ihrer Wünsche. Angelika riet ihr: »Bete doch mal. Mein lieber Gott hilft mir meistens.«

Doch Inka hatte keinen. Sie konnte deshalb auch nicht einfach wie Angelika die Hände falten und sagen: »Lieber Gott von Angelika, ich bitte dich, mach, daß sie mich in der Sportschule nehmen.« Nein, das ging nicht. Da mußte man so jemanden schon lange gut kennen. Und jeden Abend beten, auch wenn man keinen dringenden Wunsch hatte.

Einmal hielt Inka es nicht mehr aus und ging zu Frau Nogler. »Warum komme ich nicht zur Sportschule?« fragte sie. »Ich bin doch auch in Mathe viel besser geworden.«

Die Heimleiterin kramte in ihren Schubfächern herum, und Inka hatte das Gefühl, daß sie das nur tat, um sie nicht anschauen zu müssen.

»Inka«, sagte sie, und sie benutzte das erste Mal in den vielen Jahren, die Inka im Heim war, diesen Kosenamen, »Inka, das wird nichts. Schlag dir das aus dem Kopf. Ich muß es dir sagen, obwohl es dir weh tun wird. Aber es ist besser, du machst dir erst gar keine Hoffnungen.«

Inka schluckte heftig, um nicht loszuheulen. Sie fühlte, daß es auch Frau Nogler schwergefallen war, ihr das zu sagen.

Inka war nun schon alles gleich. Lieber alles auf einmal erfahren als so bröckchenweise.

»Und die Adoptiveltern? Wird das auch nichts?«

»Nein«, sagte Frau Nogler. Sie wühlte heftig in ihren Schubfächern herum. »Das wird momentan auch nichts. Warum willst du denn unbedingt weg von hier? Gefällt's dir nicht mehr?« Forschend schaute sie Inka an. Nun war sie wieder ganz die Heimmutter, die eigentlich alle gern hatten.

Inka setzte sich auf das Fensterbrett und ließ die Beine baumeln. Das Fenster war offen, und vom Garten her kam Jasminduft. Kein bißchen Chemie war heute zu riechen, nicht mal der Fluß, die Pleiße. Richtig schön war das. Deshalb fiel es Inka auch schwer, auf die Frage der Heimleiterin eine Antwort zu geben. Sie versuchte zwar, es zu erklären, aber die richtige Antwort fand sie nicht.

»Warum geht das gerade bei mir nicht?« fragte sie.

»Ich würde dir ja gern helfen, Mädchen«, sagte Frau Nogler. »Aber da sind die Vorschriften. Ich muß mich daran halten, und du verstehst das alles noch nicht. Werde erst mal älter . . .«

»Hängt das mit meinen Eltern zusammen?« Inka wurde plötzlich mißtrauisch. Woher ihr der Gedanke kam, konnte sie nicht sagen. Wieder schaute die Heimleiterin sie forschend an, wie um zu ergründen, was Inka damit meinte. Oder was sie wußte?

»Mit den Vorschriften«, antwortete Frau Nogler dann fest. »Und nun hör auf zu quengeln.«

Aber Inka blieb auf dem Fensterbrett sitzen, obwohl der letzte Satz eine deutliche Aufforderung war, das Zimmer der Heimleiterin zu verlassen.

»Wissen Sie, wie mein Vater war, Frau Nogler?«

»Nein. Wie kommst du denn gerade jetzt darauf?«

»Ich möchte es eben gern wissen«, antwortete Inka, ohne ihre heimlichen Gedanken zu verraten. »Mir wäre es egal, wie meine Eltern sind, wenn ich nur noch welche hätte. Auch wenn es solche wären wie Tuttys. Dann könnte ich wenigstens mal hingehen.«

»Gerade du! Da hättest du aber bald die Nase voll davon!« spottete Frau Nogler. Sie war froh, einen anderen Gesprächsstoff zu haben. »Sei froh, daß du hier deine Ordnung hast.«

Ja, Ordnung! dachte Inka. Sie war wütend. Wie bei der Armee, alles nach Vorschrift, nach Verordnungen vom Stadtbezirk. Das ist es ja, was ich mal nicht möchte.

Sie sah ein, daß sie an diesem Tage nichts mehr erfahren konnte. Deshalb glitt sie nun vom Fensterbrett herunter und ging zur Tür. Dabei streifte ihr Blick die Ordner des Aktenschrankes. In einem dieser Ordner stand auch all das geschrieben, was sie betraf. Da stand bestimmt viel von dem drin, was sie nicht wissen sollte. Nachdenklich verließ sie das Zimmer.

Immer stärker wurde in ihr der Wunsch, mehr über ihre Herkunft zu erfahren. Man hatte ihr nur gesagt, daß sie in Leipzig geboren sei und ihre Eltern gestorben seien, bei einem Unfall ums Leben gekommen. Aber nach allem, was sie in den letzten Wochen erlebt hatte, seit sie den Wunsch nach Adoptiveltern und der Sportschule geäußert hatte, zweifelte Inka, daß man ihr die Wahrheit gesagt hatte. Sie fühlte, daß alle ihr auswichen, wenn sie Genaueres wissen wollte. Frau Nogler, Johanna, auch Herr Kallmus, der Klassenlehrer.

Und dann geschah das, was Inka so verwirrte, daß sie wünschte, es wäre alles so wie früher und sie hätte nie die Hoffnung gehabt, eine große Sportlerin zu werden und zu einer Familie zu gehören. Alles brach so unvermittelt über Inka herein, daß sie sich keinen Rat mehr wußte, weil sie auch mit niemandem darüber sprechen konnte. Nicht mal mit Tutty.

»Heißt du Ina Karsten?« fragte die Frau, die Inka schon von der Schwimmhalle aus gefolgt war. Inka hatte die Frau, die so gut gekleidet war, schon bemerkt. Sie war langsamer und schneller gegangen, wie sie es mal in einer Kriminalgeschichte gelesen hatte, dann war sie vor dem Konsumladen stehengeblieben. Und richtig, die Frau sprach sie an. Vielleicht jemand, der mich adoptieren will, überlegte Inka und war neugierig, wie das Gespräch weitergehen würde. »Ja«, antwortete sie daher brav. »Ich heiße Ina Karsten. Aber alle sagen Inka zu mir.«

»Aha«, sagte die Frau und lächelte freundlich. »Aber du bist doch aus dem Heim, Inka, nicht wahr?«

»Ja.«

»Ich soll dir Grüße bestellen . . .«

»Grüße? Von wem denn?« Inka wurde noch neugieriger, und in ihren Gedanken schossen alle Möglichkeiten durcheinander, von wem sie Grüße bekommen könnte. Aber was die Frau dann sagte, das zog ihr fast die Beine weg, so sehr erschrak sie.

»Von deiner Mutter.«

Inka krampfte die Hand fest um die Henkel ihrer Sporttasche und starrte die Frau an. Schließlich preßte sie hervor: »Meine Eltern sind tot.«

»Nein, deine Mutter . . .«

Bevor sie weitersprechen konnte, kam ein Volkspolizist vorbei. Die Frau wandte sich ab und flüsterte: »Sprich mit niemandem darüber, Inka. Jetzt noch nicht, sonst bekommen wir Schwierigkeiten. Du mußt erst mehr darüber wissen. Ich dachte nicht, daß man dir überhaupt nichts gesagt hat. Man hat dich belogen, Inka. Deine Mutter lebt. Nur dein Vater – starb.«

Sie überlegte einen Augenblick, dann setzte sie leise hinzu: »Er war mein Bruder.«

Inka starrte die fremde Frau an. Sie war ganz blaß geworden, und an den Knöcheln der Hand, die sie um die Sporttasche krampfte, traten weiße Flecken hervor. »Meine Mutter – lebt?«

Die Frau schaute sich vorsichtig um, dann sprach sie wieder lauter. »Ich hätte es mir ja denken können, daß sie dich belügen. Aber damit muß jetzt Schluß sein. Du mußt alles erfahren. Kannst du morgen nachmittag abkommen, ohne daß es jemand merkt?«

Inka überlegte, wie sie das machen konnte. Sie mußte das Training schwänzen. Zum ersten Mal. Aber es mußte sein.

»Kannst du kommen?« fragte die Frau noch einmal. Inka nickte nur mit dem Kopf. Sprechen konnte sie nicht. Ihr war die Kehle wie zugeschnürt.

Die Frau nahm ein Foto aus ihrer Handtasche und reichte es Inka. »Das ist deine Mutter.«

Zögernd griff Inka danach, dann steckte sie das Foto, ohne einen Blick darauf zu tun, hastig in die Tasche zwischen ihre Sportsachen. Sie wollte es nicht vor dieser fremden Frau ansehen.

Inka begriff noch immer nicht richtig, was das alles bedeuten sollte. Alles stürmte so plötzlich auf sie ein, daß ihr ganz wirr im Kopf wurde. Die Frau nannte noch die Uhrzeit und einen Treffpunkt für den nächsten Nachmittag. Dann verabschiedete sie sich.

»Und – mein Vater?« fragte Inka leise. »Wieso ist er tot?«

Die Frau, die schon zwei Schritte weitergegangen war, blieb noch einmal stehen und drehte sich um.

»Morgen, Inka, morgen erfährst du alles, was mit deinen Eltern geschah. Aber, bitte, sprich mit niemandem über unsere Begegnung, sonst verbieten sie dir, daß wir uns morgen treffen. Und ich könnte große Schwierigkeiten bekommen, weil ich mit dir Verbindung aufgenommen habe. Das möchten sie nämlich unbedingt vermeiden. Bitte, versprich mir zu schweigen. Wenigstens ein paar Tage.«

»Ja«, sagte Inka leise. »Das verspreche ich. Ich weiß schon, die Verordnungen und der Stadtbezirk . . .«

Dann ging die Frau davon. Eine Straßenbahn, die gerade in die Haltestelle einfuhr, nahm sie mit in Richtung Innenstadt.

Dann verbieten sie, daß wir uns treffen, hatte die Frau gesagt. *Sie*, das waren Frau Nogler und die anderen Erzieherinnen im Heim, vielleicht auch der Klassenlehrer, Herr Kallmus. Und sicher auch der Stadtbezirk. Vor dem Wort »Stadtbezirk« hatte Inka Angst. Sie war mal in dem Haus gewesen. An der Eingangstür war ein großes Schild:

RAT DES STADTBEZIRKS MITTE

stand darauf. Es war ein riesiges Haus, in dem man sich dauernd verlief. So viele Zimmer konnte man gar nicht zählen, und man durfte auch nicht einfach in die Zimmer hineingehen, sondern mußte warten, bis man aufgerufen wurde. Vor den Türen standen Holzbänke, auf denen immer Leute saßen und warteten. Bisher war es nie etwas Schönes gewesen, was vom Stadtbezirk kam. Das Wort Verordnung kam auch von dorther und auch die Drohung: »Da mache ich Meldung an den Stadtbezirk.«

Sicher würde die Stellvertreterin von Frau Nogler, die Erzieherin Frau Sachs, oder Frau Dölling es melden und verbieten, daß Inka sich mit der Frau traf. Aber ich muß einfach hin, dachte Inka. Sonst erfahre ich nie, was los ist. Alle belügen mich.

Es war Inka, als habe sie geträumt. Sie hatte Angst vor dem, was da auf sie zukam.

Sie konnte das Ungeheuerliche, das ihr da vor wenigen Minuten gesagt worden war, noch nicht begreifen: Deine Mutter lebt!

Inka flüchtete sich in die nahegelegene Parkanlage, wo sie nicht befürchten mußte, jemandem aus dem Heim zu begegnen. Sie hatte das Gefühl, als ob das Foto in ihrer Sporttasche brannte, so eilig lief sie auf eine leere Bank zu. Dort zog sie, zitternd vor Aufregung, das Foto aus der Tasche. Das also war *sie!*

Das Farbfoto zeigte eine dunkelhaarige Frau, die ein wenig lächelte. Inka versuchte, das Gesicht mit dem in ihrem Traum zu vergleichen. Es gelang ihr nicht. Kein wehendes langes Haar, kein übermütiges Lachen – und die Augen, nein, auch die Augen waren nicht die gleichen. Diese Augen hier waren traurig. Und das sollte ihre Mutter sein? Eine Mutter, die noch lebte? Diese fremde Frau hier auf dem Foto? Lange betrachtete Inka das Gesicht, doch es blieb ihr fremd. Nicht ein bißchen Liebe fühlte sie in sich zu dieser Fremden. Und es hieß doch immer so schön in den Geschichten, daß man es spürt, wenn man mit jemandem verwandt ist. Sofort sollte man so etwas spüren. Aber Inka fühlte nur Unbehagen, je länger sie das Foto betrachtete. Schließlich drehte sie es um. In kleiner, regelmäßiger Schrift standen auf der Rückseite einige Worte: »Meiner Ina – von Mutti.« Darunter ein Datum, das nur wenige Tage alt war, und ein Ort, den Inka nicht kannte.

Fragen überfielen sie wie ein Schwarm Krähen. Sie zerrten an ihr herum, bis ihr Kopf schmerzte. Endlich versteckte sie das Foto wieder in der Tasche unter ihren Sportsachen.

Nein, die Frau hätte ihr gar nicht so eindringlich sagen müssen, daß sie vorerst über alles zu schweigen habe. Darüber konnte Inka noch mit keinem Menschen sprechen. Nicht mal mit Tutty. Am liebsten hätte sie sich irgendwo versteckt und so richtig losgeheult. Aber da war ihr Schwur, und sie hatte gerade genug zu tun. Nochmals eine ganze Woche Küchendienst? Nein, nur das nicht. Frau Kaminsky würde sich eins lachen und sie wieder die ganze Woche lang Kartoffeln schälen und Gemüse putzen, aber nicht ein einziges Mal Pudding austeilen lassen.

»Wie ist deine Meinung zur Disziplin?«

Als Inka ins Heim zurückkam, tadelte Frau Nogler ihr langes Ausbleiben. »Das Training war schon vor zwei Stunden aus. Wo hast du dich so lange herumgetrieben? Wenn du so weitermachst, gibt's mal wieder eine Woche Hausarrest.«
Inka schwieg bockig, obwohl sie es sonst immer verstand, die Heimleiterin zu beschwichtigen.
Sie hat mich auch angelogen, dachte sie verbittert und fand kein Wort zur Entschuldigung. Der Gedanke, daß Frau Nogler, der sie sonst bedingungslos geglaubt hatte, sie belogen hatte, schmerzte zu sehr.
»Na geh schon, in eurem Zimmer ist eine Überraschung für dich«, sagte Frau Nogler schließlich.
»Noch eine?« wäre Inka beinahe herausgeplatzt. Sie biß sich gerade noch rechtzeitig auf die Zunge, weil sie an ihr Schweigeversprechen dachte. Und außerdem: eine Überraschung? Vielleicht doch die Delegierung zur Sportschule – oder Adoptiveltern?
Beim letzten Gedanken durchzuckte sie ein Schreck. Das ging vielleicht jetzt gar nicht mehr – mit einer Mutter?
Im Laufschritt hastete sie die Treppe hinauf und riß die Tür zum Mauseloch fast aus den Angeln. Tutty saß auf Inkas Bett, baumelte mit den Beinen und schwenkte vergnügt einen Zettel. »Rat mal, was das ist!«
Inka war mit einem Satz neben ihr und riß ihr den Zettel aus der Hand. Enttäuscht ließ sie das Blatt auf den Fußboden hinuntersegeln.
»Mensch! Biste verrückt?« Tutty glitt wie eine Katze vom Bett herunter und hob das Blatt vom Fußboden auf. »Drei Wochen Ferienlager an einem See! Bei Berlin! Und du machst 'n Jesicht, als hättste 'ne Strafarbeit von Kallmus verpaßt jekriegt.«

Inka legte sich quer über ihr Bett, so daß Tutty nicht sehen konnte, wie ihr die Tränen nun doch in die Augen schossen.

Während Tutty von den bevorstehenden Sommerwochen schwärmte, die Patenbrigade in den höchsten Tönen für die großzügige Einladung lobte und am liebsten schon jetzt alles eingepackt hätte, hing Inka ihren Gedanken nach.

Aber erst nachts, als alle schliefen, fand sie Gelegenheit, das Ergebnis ihres langen Grübelns in das Tagebuch einzutragen: »Die fremde Frau auf dem Foto soll meine Mutter sein. Ich weiß nicht mal, wo sie wohnt. Warum hat sie sich nie um mich gekümmert? Wo ich sie doch so sehr gebraucht hätte! Jetzt brauche ich sie nicht mehr. Weil ich dann gleich gar nicht in die Sportschule darf, wenn sie vielleicht so ist wie Tuttys Eltern. Und mein Vater ist tot. Das sagte die Frau, die ich heute getroffen habe. Ich will jetzt keine richtigen Eltern mehr. Die machen mir alles kaputt mit der Sportschule. Ich will die Sportschule doch lieber als Eltern . . .«

Diesmal verbarg Inka das Tagebuch noch sorgfältiger. Sie wickelte es in ein Kopftuch und schob es wieder unter die Matratze. Es war neu und schön für sie, daß sie alles aufschreiben konnte. Aber sie fühlte auch, daß sie dem Tagebuch Dinge anvertraute, über die sie sonst mit niemandem sprechen konnte.

Unruhig wälzte sie sich in dieser Nacht von einer Seite auf die andere.

Sie war froh, als sie am nächsten Tag in die Schule gehen konnte. Während des Unterrichts war es doch ab und zu möglich, den eigenen Gedanken nachzuhängen.

Der Lärm vor dem Unterrichtsbeginn war wie üblich so groß, daß man sich schwer über etwas in Ruhe unterhalten konnte. Und an diesem Tage ging es natürlich nur um eins: das Ferienlager an diesem See bei Berlin.

Auch bei den anderen in der Klasse waren die Einladungen

angekommen, diesmal am Betriebsferienlager des VEB Perfecta teilzunehmen. Also blieb die ganze Klasse zusammen, nicht nur die Kinder aus dem Heim. Die Klasse 4b benahm sich deshalb wie ein aufgescheuchter Bienenschwarm.

So war es gar nicht zu verwundern, daß der Klassenlehrer Kallmus gar nicht bemerkt wurde, als er den Raum betrat. Erst als er laut in die Klasse donnerte: »Was ist denn hier los? Kennt denn keiner mehr Disziplin?« rannte Carola los, stellte sich vorn auf, die Hand zum Pioniergruß erhoben, und meldete pflichtgemäß: »Herr Kallmus, ich melde, Klasse 4b mit 26 Pionieren zum Unterricht bereit.«

»Ich danke«, sagte Fred Kallmus.

»Pioniere! Seid bereit!«

»Immer bereit!« schallte die Antwort aus 26 Kehlen wie an jedem Morgen, wenn der Unterricht begann.

Dann schurrte und rumpelte es, bis alle wieder einigermaßen ruhig auf ihren Plätzen saßen.

Fred Kallmus schlug das Klassenbuch auf und machte eine Eintragung. Eine steile Falte saß über seiner Nasenwurzel, und seine Augen funkelten, als er aufstand, die Kreide nahm und an die Tafel schrieb:

»Junge Pioniere! Was versteht ihr unter Disziplin?«

»Au Backe!« sagte Holger Fröhlich laut, und ein Kichern der Mädchen begleitete seinen erschrockenen Ausruf.

Herr Kallmus legte die Kreide ab und klopfte die Hände wieder sauber. Er legte immer sehr großen Wert darauf, daß seine Kleidung tipptopp in Ordnung war.

»Herrschaften, das ist kein Thema für eine Hausaufgabe«, verkündete er. »Euer Verhalten von vorhin zeigte mir, daß es nötig ist, darüber zu sprechen. Und zwar gründlich. Also, Pioniere – was ist Disziplin?«

Inka war enttäuscht. Statt des Unterrichts in Staatsbürgerkunde – kurz »Stabüku« genannt – wurde wieder mal eine

Disziplinübung abgehalten. Da konnte sie nicht zum Fenster hinausschauen und träumen, sondern mußte mitmachen. Es war auch nicht möglich, daß sie wie sonst gleich zu Beginn der Stunde eine Frage genau so beantwortete, wie Kallmus es erwartete, damit man danach die ganze Stunde Ruhe hatte. Wenn Kallmus sich ärgerte, mußte man immer mit den schlimmsten Überraschungen rechnen.

Schon schossen die Arme derer in die Höhe, die immer die schnellsten waren, wenn es galt, sich in Stabüku hervorzutun. Denn darüber waren sich alle einig, eine schlechte Zensur in diesem wichtigen Fach konnte einem ganz schön was vermasseln. Lieber konnte man mal einen Aufsatz verpatzen oder in Mathe eine Klassenarbeit. Aber nie in Stabüku etwas sagen, was Kallmus nicht in den Kram paßte.

»Disziplin ist, wenn man hält, was man dem Staat versprochen hat.«

»Wer ist der Staat?« fragte Kallmus dazwischen.

»Der Staat, das ist die Partei und die Regierung – und wir.«

»Richtig. Deshalb heißt es auch bei der Partei – wie?«

»Parteidisziplin!« riefen gleich mehrere.

»Und lernen, lernen, nochmals lernen!« sagte Carola.

»Wer hat das gesagt?« Kallmus stieß mit dem Zeigefinger in die Luft und deutete auf Angelika.

»Lenin, glaube ich.«

Kichern in der Klasse.

Kallmus verzog das Gesicht. »Glauben, das ist was für die Pfaffen. Pioniere wissen es. Also?«

»Lenin«, sagte Angelika, jetzt sehr sicher, weil sie es inzwischen von den anderen vorgesagt bekam.

»Disziplin ist auch, wenn man erst die Hausaufgaben macht und das Altmaterial sammelt und in die Arbeitsgemeinschaft geht und dann erst die Freizeit macht . . .« Holger Fröhlich stockte plötzlich, dann sagte er: »Aber meistens ist es dann schon Abend, und dann muß ich meiner Mutter helfen, weil die dann von der Arbeit kommt.«

Kallmus verzog das Gesicht. Sein Zeigefinger wies auf einen anderen Schüler. Der sprang auf und sagte: »Disziplin ist, wenn ich das Geld fürs Autowaschen nicht vernasche, sondern für Vietnam spende oder – eben für die Solidarität.«

Tutty flüsterte Inka zu: »Aber von den zehn Mark gibt er nur fünfe ab, der Rest landet in der Eisbude. So wat von verlogen!« Inka nickte. Sie haßte diese Abfragerei. Jeder antwortete das, was ihn als guten Pionier auswies. Aber ehrlich war das in den wenigsten Fällen.

Susanne Kirsten kam an die Reihe.

»Disziplin ist, wenn man das tut, was . . .« Susanne stockte.

»Was?« fragte Kallmus mit hochgezogenen Augenbrauen. Die steile Falte über seiner Nase wurde tiefer. »Also, wenn man das tut, was . . .?«

». . . was die Vorgesetzten befehlen.«

Kichern in der Klasse.

»Was gibt's denn da zu lachen?« donnerte Kallmus in die Klasse hinein. »Oder ist daran etwas nicht richtig? Wer ist anderer Meinung?«

Natürlich war keiner anderer Meinung. Wenigstens hätte keiner gewagt, das offen zu bekennen. Trotzdem erkundigte sich Alwin Hammer vorsichtig: »Ist Gruppenratsvorsitzende auch eine – ein Vorgesetzter?«

Alle hielten den Atem an.

»Na?« fragte Kallmus und bog so jede Diskussion darüber ab. Seine Frage und der Tonfall ließen nur eine Antwort zu.

»Ja«, sagte Susanne leise. Sie spielte mit ihrem Kugelschreiber, ohne aufzuschauen. Alle kannten ihre Streitereien mit Carola, die Gruppenratsvorsitzende geworden war und seitdem die ganze Klasse mit ihrer Eiferei schikanierte. In der Freundschaftsratssitzung verpflichtete sie sich dauernd zu etwas, ohne vorher mit der Klasse darüber zu sprechen. Sie steckte das Lob ein, die anderen mußten das Versprechen ausführen.

»Und du, Ina? Wie ist deine Meinung zur Disziplin?« Kallmus forderte auch von Inka eine Antwort. »Du als große Sportlerin müßtest das doch ganz genau wissen.«

Wieder wurde gekichert. Inka erhob sich, obwohl es bei Herrn Kallmus erlaubt war, sitzen zu bleiben, wenn man auf eine Frage antwortete. Sie war bis an die Haarwurzeln rot geworden, weil er auf ihren Ehrgeiz anspielte, einmal eine Spitzensportlerin zu werden.

»Ich glaube, Disziplin ist, wenn man von einem Ziel . . . also wenn man eisern trainiert . . .« Sie stotterte und blieb schließlich die Antwort schuldig.

»Die Olympiasiegerin Ina Karsten«, spöttelte Carola. »Dann trainiere mal auch so eisern in Mathe, damit du nicht ständig den Klassendurchschnitt nach unten drückst. Ist das klar?«

»Olle Zicke!« zischte Tutty. »Det war echt gemein!«

Inka war zutiefst gekränkt und setzte sich wieder. Nach diesen Sticheleien von Carola war es ihr beim besten Willen nicht mehr möglich, sich auf den Unterricht zu konzentrieren.

Nun werde ich erst recht um die Sportschule kämpfen, nahm sie sich vor. Und ich werde ihnen zeigen, was Disziplin ist! Reden kann man viel über Disziplin. Aber man mußte dann auch halten, was man hier gesagt hatte.

Diese Carola mit ihrem albernen Getue machte sich wichtig, weil ihr Vater bei der SED-Bezirksleitung arbeitete, weil er ein Parteifunktionär war. Deshalb hatte sie sich auch so danach gedrängelt, Gruppenratsvorsitzende zu werden, obwohl keiner sie haben wollte.

Tutty bemerkte, daß Inka verstimmt war, als sie in der großen Pause auf dem Schulhof immer im Kreis herumgingen.

Das war auch so eine Erfindung von Kallmus, die er bei den anderen Lehrkräften durchgesetzt hatte. Und das hing auch mit dieser Disziplin zusammen. Sie konnten nun nicht mehr überallhin laufen, schon gar nicht zum Bäcker, der seinen Laden gleich gegenüber der Schule hatte. »Ihr habt an der Schulspeisung teilzunehmen und nicht für das Geld Kuchen zu kaufen«, hieß es.

Trotzdem fanden sich immer noch Schleichwege, das Essensgeld für Streusel- und Quarkkuchen auszugeben, denn das Schulessen schmeckte nicht allen. Mit der Milch war das genauso. Auch die Heimkinder bekamen jede Woche Geld für die Schulspeisung und die Milch. Inka aber sparte das Milchgeld. »Haste wieder keine Milch gekauft?« fragte Tutty. Sie reichte Inka die Plastiktüte mit dem Strohhalm hin.

»Nein – ich brauche doch das Geld für das Summavit.«

Tutty tippte sich an den Kopf. »Ganz schön doof! Wenn det die Sachs merkt. Die zahlt det Jeld glatt selber an die Schule ein, denn siehste keene müde Mark mehr. Denkste, die paar Vitaminpillen machen aus dir 'n Spitzensportler? Die schlukken janz wat anderes, damit sie schnell sind. Summavit! So 'ne Kinderpillen!« Trotzdem holte Inka die Vitaminpackung aus der Hosentasche, entnahm ihr eines der roten Kügelchen und ließ es andächtig auf der Zunge zergehen, damit sie den säuerlichen Geschmack so richtig spüren konnte. Erst als die rote Glasur zergangen war, schluckte sie die Kugel hinunter.

»Einen solchen Kuller pro Tag«, sagte sie zu Tutty. »Ich bin viel besser in Form jetzt. Wenn das Zeug nur nicht so teuer wäre.« Sie seufzte und dachte daran, wieviel Eis man für dieses Taschengeld kaufen konnte, das sie da sparen mußte. Aber das gehörte eben auch zur Disziplin. Kallmus konnte sie das natürlich nicht sagen.

Die Mutter ist schuld

Endlich war es am Nachmittag so weit, daß Inka ihre Trainingssachen einpacken und aus dem Heim gehen konnte. Die Hausaufgaben hatte sie einfach von Brit abgeschrieben. Auf Brits Genauigkeit konnte Inka sich verlassen. Brit war ganz große Klasse und machte selten Fehler. Ihr wäre es auch nicht passiert, daß sie sich von etwas so ablenken ließ wie Inka. Bei Brit war immer alles klar und in Ordnung.

Inka nahm zwei Zehnpfennigstücke aus der kleinen bunten Schachtel, die ihr als Sparbüchse diente. Sie brauchte das Geld für die Straßenbahn.

Ihr Weg führte sie nicht in die nahegelegene Volksschwimmhalle, sondern in die Innenstadt, wo sie sich um fünfzehn Uhr mit der Frau treffen wollte. Immer noch hatte sie das Foto in der Sporttasche. Während die Straßenbahn dem Zentrum entgegenzuckelte, holte Inka das Foto noch einmal heraus und prägte sich die Gesichtszüge der Frau ein, die ihre Mutter sein sollte.

Ihr war richtig schlecht vor Aufregung; am liebsten wäre sie ausgestiegen und in die Schwimmhalle zum Training gelaufen. Dort war alles klar und übersichtlich, einzig und allein die Leistung galt, die Sekunden, die die Stoppuhr zählte.

Aber das hier, was auf sie zukam, war beängstigend, und Inka wußte nicht, was sie davon halten sollte.

Inka zwang sich wenigstens äußerlich zur Ruhe, als sie am Leuschnerplatz aus der Bahn stieg und durch den Fußgängertunnel ging, um in die Petersstraße zu kommen. Vor dem Centrum-Warenhaus wollte die Frau auf sie warten. Als Inka näherkam, sah sie die Frau schon stehen. Einen Augenblick lang hatte Inka gehofft, es könne die Mutter selbst sein, die sie da gestern so plötzlich angesprochen hatte. Aber das Foto zeigte ihr ein anderes Gesicht. Das sah sie jetzt deutlich.

»Guten Tag«, sagte sie. »Da bin ich.«

Die Frau gab ihr die Hand und fragte, ob sie in die Milchbar gehen wollten.

Inka war damit einverstanden. »Aber in die auf dem Markt«, sagte sie.

Sie seufzte und dachte daran, wieviel Eis man für dieses Taschengeld kaufen konnte, das man da ausgeben mußte. Oder ob die Frau das bezahlte?

Auf dem kurzen Stück Weg über den Markt wollte sie auch die Möglichkeit haben, die fremde Frau zu betrachten. Sie hatte Angst vor den Fragen und vor dem, was die Frau ihr sagen würde.

Die Frau blieb mehrmals stehen und betrachtete das Rathaus auf dem Markt, die Thomaskirche und die Alte Waage.

»Sie sind wohl nicht von hier?« fragte Inka.

»Ich bin hier geboren«, sagte die Frau. »Aber ich war viele Jahre nicht mehr da . . .«

Die Frau brach den Satz ab und sprach nicht weiter.

In der Pinguin-Milchbar fanden sie noch einen freien Tisch in der Ecke. Das war Glückssache, denn wenig später war alles dicht besetzt. Inka suchte lange auf der Karte, um einen Eisbecher zu finden. Er durfte nicht zu teuer sein, auch nicht, wenn die Frau ihn bezahlte, damit es nicht zu unbescheiden aussah. Schließlich sagte die Frau: »Komm, laß mich mal für dich wählen. Übrigens: Ich bin Tante Margot. Du kannst mich so nennen, wenn du möchtest.«

»Tante Margot?« Inka schob die Karte über die Marmorplatte. Ihr Gesicht drückte eine einzige Frage aus, aber sie sagte nichts mehr.

Die Frau bestellte für Inka einen großen Fruchteisbecher mit Schlagsahne, für sich ein Kännchen Kaffee und einen Weinbrand.

»Ja, Tante Margot«, sagte sie schließlich. »Ich bin Margot

Siebert, die Schwester deines Vaters, und lebe in Frankfurt. Ganz in der Nähe wohnt jetzt auch deine Mutter.«

»Da kann ich ja mal hinfahren in den Ferien«, sagte Inka ganz impulsiv.

Margot Siebert lächelte. »Möchtest du das gern?«

Inka beugte den Kopf über den Eisbecher und löffelte die Früchte heraus. Wollte sie das? Wirklich?

»Na ja«, sagte sie endlich. »Angucken kann ich sie mir ja mal. Die Tutty, was meine Freundin ist, besucht ihre Eltern auch manchmal in den Ferien. Vielleicht schickt mir meine Mutter das Fahrgeld, weil mein Taschengeld dazu nicht . . .«

Inka wurde glühend rot, weil sie beinahe etwas erbeten hatte. Das ging gegen ihren Stolz.

»Ich krieg' das schon zusammen, das Fahrgeld!« setzte sie schnell hinzu. »Tutty kann mir ja auch was pumpen.«

Margot Siebert lächelte wieder, bevor sie sagte: »So einfach ist das alles nicht, Inka. Es ist nämlich – im Westen.«

Inka fiel beinahe der Löffel aus der Hand. »Wo?«

»In Frankfurt am Main. Dort, ganz in der Nähe, wohnt jetzt deine Mutter.«

Und dann erzählte sie Inka folgendes: Als sie kaum drei Jahre alt war, hätten ihre Eltern versucht, die DDR zu verlassen. Um sie nicht auf den gefahrvollen Weg über die Grenze, die sie heimlich in der Tschechoslowakei übertreten wollten, mitnehmen zu müssen, sei sie bei der Großmutter in Leipzig zurückgeblieben. Die Eltern wollten sie später nachholen. Familienzusammenführung nannte man das. Bei diesem versuchten Grenzübertritt aber sei der Vater ums Leben und die Mutter ins Gefängnis gekommen, wo sie bis vor kurzer Zeit gewesen war. Sie habe sich nach dem Westen entlassen lassen – nicht in die DDR. »Hat man dir von alledem nichts gesagt?« Margot Siebert sprach behutsam mit Inka, der die Tränen nur so aus den Augen kullerten.

»Nein«, schluchzte Inka laut. »Ich dachte – sie sind tot.«

»Dann behalte das, was ich dir jetzt sagte, für dich, Inka. Man wird dir weiterhin Lügen erzählen, um dich von deiner Mutter fernzuhalten. Sie hat sich an einen Rechtsanwalt gewandt, damit sie dich bald zu ihr kommen lassen . . .«

»Nein!« sagte Inka. »Nein! Ich will nicht in den Westen. Warum ist sie nicht hiergeblieben? Dann könnte sie jetzt einfach kommen und mich holen. Dann könnte ich auch in die Sportschule – vielleicht würden sie mich dann nehmen . . .«

Ihr Gesicht verkrampfte sich, weil sie nicht mehr weinen wollte. Margot Siebert gab ihr ein Taschentuch, damit sie sich schneuzen und die Tränen abwischen konnte.

»Weißt du, Inka, das ist gar nicht so sicher. Man hätte deiner Mutter das Erziehungsrecht abgesprochen und dich entweder für immer im Heim behalten oder – dich zur Adoption freigegeben.«

»Ach, so ist das!« Inka sprang erregt auf. »Jetzt weiß ich, warum das nie was wird mit den Adoptiveltern. Meine Mutter ist schuld daran, weil sie mich nicht freigibt! Da komme ich ja nie zur Sportschule!«

Behutsam zog Margot Siebert Inka wieder auf den Stuhl zurück.

»Das ist alles ein wenig zu viel für dich, ich verstehe das sehr gut, Inka. Du mußt das alles in Ruhe durchdenken. Aber glaub mir, keiner will was Böses für dich. Am allerwenigsten deine Mutter. Ich werde dir jetzt einen Brief geben, in dem sie alles für dich aufgeschrieben hat. Es ist ein langer Brief. Kannst du ihn sicher aufbewahren, ohne daß er in falsche Hände kommt?« Sie nahm einen dicken Brief aus der Tasche und legte ihn vor Inka auf die Marmorplatte des kleinen Tisches. »Vielleicht kannst du deine Eltern verstehen, wenn du das gelesen hast. Aber sprich mit niemandem darüber, bevor du nicht den ganzen Brief gelesen hast.«

Inka griff nach dem Brief. Noch etwas, das keiner lesen durfte. Sie mußte den Brief im Tagebuch verstecken, ob sie es nun verstehen konnte oder nicht, was die Mutter ihr da geschrieben hatte.

»Erlaubst du mir, dich zu fotografieren?« fragte Margot Siebert. »Deine Mutter würde sich sehr über Fotos von dir freuen.«

Inka nickte beklommen. Sie konnte überhaupt keinen klaren Gedanken mehr fassen. Mechanisch antwortete sie auf die vielen Fragen ihrer Tante, die auf dem Rückweg einen ganzen Film verknipste, um Fotos von Inka zu machen. Am Leuschnerplatz verabschiedete sie sich dann von Inka.

»Hast du einen Wunsch, den ich dir erfüllen könnte?« fragte sie.

»Ja«, antwortete Inka, und die Tränen saßen schon wieder ganz locker in ihren Augenwinkeln. »Ich möchte wissen, wo mein Vater begraben worden ist.«

Margot Siebert zog Inka an sich, und das Mädchen spürte, wie gerührt die Tante von dieser Frage war.

»Auf dem Südfriedhof, bei deiner Großmutter«, sagte sie leise. »In der Abteilung rechts vom Haupteingang, wo die alten Bäume stehen. Auf dem Stein steht Omas Name und darunter seiner. Sie wollte auch dort ...«

»Ich werde es finden«, sagte Inka.

»Es steht auch alles in dem Brief. Deine Mutter konnte das Grab nie besuchen.«

Dann ging alles sehr hastig vor sich. Inka hatte das Bedürfnis, so schnell wie möglich mit ihren Gedanken allein zu sein.

»Soll ich deine Mutter grüßen?« fragte Margot Siebert. »Oder willst du ihr schreiben?«

»Kann ich das?«

»Ja. Aber du mußt vorsichtig sein, einen anderen Absender benutzen. Und unbedingt an meine Adresse schreiben.« Auf einen Zettel schrieb sie schnell ihre Adresse. »Wenn du das auswendig kannst, wirf den Zettel vorsichtshalber weg.«

Inka nickte bedrückt. Bisher war ihr Leben ohne Heimlichkeiten ausgekommen, und nun waren so viele Dinge da, die sie vor anderen verbergen mußte. Das machte ihr Angst.

»Grüßen Sie sie lieber«, sagte Inka deshalb, steckte aber den Zettel mit der Adresse ein.

»Ich reise heute ab«, sagte Margot Siebert. »Vielleicht sehen wir uns bald wieder. Mach's gut, Inka.«

Sie zog das Mädchen an sich und gab ihr einen Kuß auf die Wange. Dann brachte sie Inka zur Straßenbahn, die gerade ankam. Inka stellte sich so, daß sie aus dem letzten Wagen die Tante noch sehen konnte.

Der Kuß hatte eigenartige Gefühle in ihr ausgelöst. Sie konnte sich nicht erinnern, wann sie von einem Erwachsenen eine solche Liebkosung erfahren hatte. Und wieder mußte sie daran denken, wie sich innerhalb von einem Tag ihr ganzes Leben verändert hatte.

Als sie aus der Straßenbahn ausstieg, zeigte ihr ein Blick auf die Uhr, die über dem HO-Uhrengeschäft angebracht war, daß es höchste Zeit war, ins Heim zurückzukommen, wenn sie sich nicht unliebsame Fragen stellen lassen wollte. Aber dort achtete keiner auf ihr Nachhausekommen, denn es wurde über die großen Ferien gesprochen.

»Alle aus der Klasse wollen diesmal mitmachen!« sagte Angelika.

»Hauptsächlich dein Busenfreund, der Holger Müller«, spottete Tutty.

Angelika wurde knallrot und giftete zurück: »Na wenn schon! Ich suche mir ja auch nicht meine Freunde zwei Klassen höher.«

Inka beteiligte sich nicht an diesem Streit, denn für Jungen hatte sie nichts übrig. Sie fand, daß es blöd sei, sich mit Jungen abzugeben und albernes Zeug zu reden. Die Zeit konnte man viel besser für andere Dinge verwenden, fürs Training beispielsweise.

»Da kannste dann den janzen Tag im Wasser paddeln!« Tutty versuchte, Inka ins Gespräch zu ziehen. Es gefiel ihr nicht, daß die Freundin in letzter Zeit so schweigsam war. »Und von da aus isset nicht weit. Da besuch ick mal meine Vorfahrn. Det wird bestimmt erlaubt. Kannste mitkomm', Inka.«

»Ja, mache ich«, sagte Inka zerstreut, nur um Ruhe zu bekommen. Dabei dachte sie aber an den Brief, den sie unter ihren Sportsachen versteckt hatte, und den sie unter der Bettdecke lesen wollte, wenn alle schliefen.

Ein Schreck durchfuhr sie, als sie daran dachte, daß es der Erzieherin, Frau Sachs, einfallen könnte, wieder mal die Taschen und Schränke zu kontrollieren. Die machte das immer so unvorbereitet. Ganze Stöße von Sachen, die nicht erlaubt waren, sammelte sie ein. Und nie wieder sah man was davon.

Inka wälzte nun Probleme. Wenn das so weitergeht, dachte sie, brauche ich bald eine neue Taschenlampenbatterie. Das wird teuer. Und die Summavit-Pillen sind auch bald wieder alle. Regelmäßig schluckte sie die kleinen roten Vitaminkugeln, und sie hatte auch keinen Tag mit dem Training ausgesetzt, obwohl Frau Nogler ihr geraten hatte, sich die Sportschule aus dem Kopf zu schlagen. Allen Warnungen zum Trotz hatte sie sogar noch verbissener trainiert als bisher. Sie jammerte auch nicht mehr darüber, daß ihre Augen vom Chlorwasser des Schwimmbeckens brannten und ihre Hände manchmal aussahen, als ob sie stundenlang Wäsche gewaschen hätte. Ein aufmunterndes Lächeln von Johanna genügte. Für ein Lob von ihr hätte Inka noch mehr trainiert. Aber Johanna hielt sich streng an die Vorschriften.

Kind von Verrätern

Endlich war es so weit, daß alle in ihren Betten lagen und schliefen. Inka wußte aus Erfahrung, daß Tutty sofort einschlief, Brit und Angelika aber ein bißchen länger brauchten. Angelika betete noch vor dem Einschlafen. Sie kam aus einer Familie, die oft in die Kirche gegangen war. Manchmal beneidete Inka sie um ihren lieben Gott, dem Angelika alles sagen konnte und der manchmal sogar half. Sie hatte es auch schon versucht, aber sie hatte nie eine Antwort bekommen. Angelika hatte gesagt: »Vielleicht bist du nicht getauft, da muß man wahrscheinlich getauft sein. Sonst nützt das alles nichts.«
Aber wen sollte sie fragen? Frau Nogler wußte das bestimmt auch nicht. Nicht mal Angelika konnte ihr sagen, was taufen bedeutete. »Irgendwas mit Weihwasser aus der Kirche«, sagte Angelika. Aber sie wußte auch nicht genau, wie das gemacht wurde. Sicher war das was ganz Schwieriges, so was hatte Inka bestimmt nicht bekommen.
Während Inka darauf wartete, daß die anderen fest eingeschlafen waren, dachte sie an Angelikas Worte. Die Mutter, die da irgendwo im Westen wohnte, würde ihr vielleicht sagen können, ob sie getauft war oder nicht. Inka glaubte nicht daran, denn wenn eine Mutter sich sowieso nicht um ihr Kind kümmert, warum sollte sie da erst in die Kirche laufen und es taufen lassen?
Einmal war sie mit Angelika in der Nikolaikirche gewesen, aber es waren ihr gleich Zweifel gekommen, ob das bißchen Wasser, das sie da in eine steinerne Schüssel schütteten, um die kleinen Kinder zu taufen, so viel ausmachte. Ja, wenn es ein Schwimmbecken gewesen wäre oder so, dann hätte sich Inka das schon denken können. Aber so?
Jetzt schliefen bestimmt alle. Vorsichtig zog Inka den Brief-

umschlag unter dem Schlafanzug hervor, faltete behutsam die Seiten auseinander und kroch damit unter die Bettdecke. Dort knipste sie ihre winzige Taschenlampe an. Ihr Herz klopfte ganz laut, als sie die erste Seite zu lesen begann. Aber vor Aufregung brauchte sie eine ganze Weile, bis die Buchstaben nicht mehr vor ihren Augen verschwammen. Sie mußte sich auch erst an die Schrift gewöhnen. Es waren kleine, regelmäßige Buchstaben, und alles war sehr sorgfältig mit dem Füllhalter geschrieben, nicht mit einem Kugelschreiber.

Ein eigenartiges Gefühl überkam sie und nahm ihr fast die Luft. Das alles war nur dazu aufgeschrieben worden, damit sie es lesen sollte! Noch nie hatte sich jemand soviel Mühe gemacht, etwas für sie aufzuschreiben.

Sie öffnete schnell noch mal das Tagebuch. Ohne daß die anderen es merkten, hatte sie vorhin dort das Foto eingeklebt. Sie hatte sich dazu sogar ins Klo eingeschlossen, weil sie sonst nicht sicher war, von jemandem überrascht zu werden. Frau Sachs, die Erzieherin, hatte ihre Augen überall.

Vom Foto her schaute sie ein Gesicht an, das ihr nun schon vertrauter war. Sie hatte es in den letzten Stunden immer mal heimlich betrachtet. Und während sie die ersten Seiten des dicken Briefes las, konnte sie sich fast vorstellen, daß diese Frau, die ihre Mutter war, ihr das alles erzählte . . .

». . . Du bist weit fort von mir, Ina, mein Kind. Nicht nur die Kilometer und die Grenze zählen, die zwischen uns liegen, auch innerlich bist du so weit entfernt, daß mir bange darum ist, ob dich meine Worte, meine Liebe zu dir, mein Kind, überhaupt erreichen.

Ich bitte dich, hab Geduld mit mir. Lies diese Zeilen, die ich für dich in der Hoffnung aufschreibe, daß du dann manches verstehst und uns verzeihst, daß deine Kindheit mit so viel Leid und Tränen überschattet wurde. Ich bitte dich auch für deinen Vater um Verzeihung, der tot im Stacheldraht zusammenbrach, der verblutete, weil keiner ihm half. Ein Stacheldraht trennte uns von der Freiheit.

Warum wir das Land verlassen wollten, in dem wir geboren wurden, in dem wir dich bei der Großmutter zurückließen, um dich aus der Sicherheit dann zu uns zu holen, ohne dein kleines Leben zu gefährden? – Ina, du weißt mit dem Begriff ›Freiheit‹ noch nichts anzufangen. Aber glaube mir, Freiheit wiegt mehr als Besitz und sichere Existenz. Dein Vater konnte nicht anders handeln, wenn er sich selbst treu bleiben wollte. Ich aber, seine Frau – und deine Mutter – mußte ihm folgen, weil ich ihn liebte. Ich habe das Beste gewollt . . .«

Inka knipste die Taschenlampe aus, weil sie unter der Decke hervorkriechen mußte. Sie bekam kaum noch Luft. Die Worte, die da zu langen Sätzen geformt waren, rührten an ihr Herz und stießen sie gleichzeitig ab. Sie sprach in Gedanken die Sätze nach und gab gleichzeitig darauf Antwort: Ich habe das Beste gewollt – sagt *sie!* Aber mich haben sie einfach sitzen lassen, wegen ihrer Freiheit! Und jetzt soll ich alles verstehen und ihnen verzeihen. Jetzt, wo nichts mehr zu ändern ist. Wo sie mir alles kaputtgemacht haben. Wer schickt denn so jemanden wie mich auf die Sportschule? Und wer will denn so jemanden wie mich adoptieren? Alles haben sie mir verpatzt, diese Eltern. Wären sie geblieben, hätte ich nicht ins Heim gemußt. Dann könnte ich auch zur Sportschule gehen, und vielleicht käme ich dann zur Olympia-Mannschaft, wenn ich fleißig genug trainiere. Aber so? Alles haben sie mir kaputtgemacht. Weil sie abgehauen sind!

Herr Kallmus hatte einmal in Stabüku gesagt: »Republikflucht ist Verrat an der DDR. Mit Verrätern wollen wir nichts zu tun haben.«

Inka setzte sich kerzengerade in ihrem Bett auf. Der Schreck nahm ihr fast die Luft. Ob Kallmus das von meinen Eltern weiß? Ob er weiß, daß ich ein Kind von solchen Leuten bin? Ob er mich deshalb manchmal so spöttisch behandelt?

Inka schob die Übergardine weg und schaute in den Garten hinaus. Auf die Kastanie vor dem Fenster blickte sie und auf alles, was der Mond beleuchtete. Sie hatte Angst, daß nach allem, was geschehen war, der schöne Traum mit der Schaukel nicht mehr wiederkommen würde. Sie war so traurig darüber, daß sie nicht einmal weinen konnte. Das Geheimnis drückte sie so sehr, daß alle Fröhlichkeit von ihr ging. Mit dem Geheimnis hatte sie Gewißheit bekommen, daß alle ihre Hoffnungen vergeblich waren.

So eine wie sie, die nahm man auf keiner Sportschule an! Und adoptiert wurde sie bestimmt auch von niemandem!

Fast wünschte sie sich, solche Eltern wie Tutty zu haben, oder daß die Mutter damals auch an der Grenze umgekommen wäre!

Ja! Dann wäre vieles einfacher. Und es würde ihr keiner vorwerfen können, daß sie das Kind von Republikflüchtigen sei, von Republikverrätern.

Inka stellte sich vor, wer alles davon wußte: Frau Nogler bestimmt. Das war sicher alles in den Akten aufgeschrieben, die in dem großen Schrank bei Frau Nogler im Zimmer lagen. Und beim Stadtbezirk, da wußten sie bestimmt auch davon. Die machten sich dann doch gar nicht erst die Arbeit, einen Antrag für die Sportschule zu stellen. Ob sie in der Schule . . .? Voller Schrecken zählte Inka die Möglichkeiten auf, wo andere von ihrer Herkunft wissen konnten. Nein! Sie wollte den Brief gar nicht mehr weiterlesen. Wer weiß, was da noch alles zutage kam! Ganz sicher verstecken mußte sie das alles, damit es ja niemand fand. Die würden ihr ja noch mehr vermasseln. Sie kroch wieder unter das Deckbett, nahm sich aber diesmal das Tagebuch vor, um hineinzuschreiben, was sie bedrückte: »Nicht einmal ein sicheres Versteck habe ich, wo ich das alles hintun könnte«, schrieb sie. Die Tränen verwischten die Tinte, aber es war Inka gleichgültig, wie alles aussah.

»Wenn das Zeug jemand findet! Dann wissen sie alle, daß meine Eltern die DDR verraten haben. Mir würde niemand mehr vertrauen. Zu den Feinden unserer Republik sind sie gelaufen! Herr Kallmus hat gesagt, daß die Kapitalisten unsere Feinde sind. Die wollen Krieg machen und die Arbeiter ausbeuten. Dort lebt sie jetzt, meine Mutter. Und die Frau Siebert, die meine Tante sein soll. Nie würde ich dorthin wollen! Nie!«

Sie unterstrich das letzte Wort ganz dick mit dem roten Filzschreiber, den Susanne ihr geschenkt hatte. Dann schloß sie das Tagebuch sorgfältig ab und hängte sich den Schlüssel wieder um den Hals. Das tat sie, seit sie das Tagebuch besaß. Nicht mal beim Waschen nahm sie das Kettchen ab. Susanne hatte gesehen, daß sie dazu ein Stück Bindfaden benutzte. Am nächsten Tage brachte sie ein Silberkettchen mit und drückte es Inka in die Hand.

»Hier, das ist besser als dein Bindfaden. Der könnte im Wasser aufweichen, wenn du schwimmst.«

Inka war ganz stolz auf dieses Kettchen. Nur Tutty ärgerte sich. Sie war eifersüchtig auf Susanne. Schließlich war Inka ihre Freundin.

Inka überlegte, ob Tutty oder Susanne mehr ihre Freundin war. Sie kam zu keinem Ergebnis, denn dieses schreckliche Geheimnis hätte sie weder Tutty noch Susanne anvertrauen können.

Bei diesem Gedanken kam sie sich sehr verlassen vor.

Immer in den folgenden Tagen, wenn sich eine Gelegenheit zum Alleinsein bot, holte Inka den Brief der Mutter aus dem Versteck hervor und las darin. Sie hatte sich vorgenommen, alles genau zu lesen. Woher sollte sie sonst erfahren, wie alles gewesen war? Die anderen belogen sie ja doch nur! Vielleicht schrieb wenigstens diese Mutter die Wahrheit. Inka war verwirrt wie noch nie in ihrem Leben. Wem sollte sie glauben? Jeder sagte das, wobei er am besten wegkam. Selbst Tutty war so. Sie schimpfte auf ihre Elten, als wären das die Schlimmsten. Aber einmal hatte sie sich verraten, und Inka hatte herausbekommen, daß Tutty ins Heim gesteckt worden war, weil sie sich herumtrieb und manchmal tagelang nicht zu Hause gewesen war.

Jeder erzählt das, was für ihn am bequemsten ist, dachte Inka. Ich darf auch nicht alles glauben, was die Mutter in dem Brief aufgeschrieben hat!

Das Mißtrauen fraß an ihr und machte sie ganz krank. Niemals zuvor hatte sie sich so elend gefühlt. Bisher war ihre Welt in Ordnung gewesen, weil sie allen geglaubt hatte, was sie sagten. Doch jetzt wußte sie, daß man sie belogen hatte. Das tat ihr sehr weh. Inka lernte dieses Gefühl zum erstenmal kennen, und sie war sehr unglücklich darüber. Sie war auch traurig, daß sie jetzt so schreckliche Geheimnisse mit sich herumtragen mußte. Hätte Frau Nogler sie nicht belogen, wäre sie jetzt zu ihr gegangen, um ihr alles zu erzählen. Aber Frau Nogler müßte womöglich zum Stadtbezirk laufen und alles berichten. Und dann würde sie sagen: »Ina, das hängt alles mit den Verordnungen zusammen.«

Nein, das Geheimnis mußte sie allein mit sich herumschleppen. Sie erfuhr aus dem Brief, daß ihr Vater Leiter eines volkseigenen Betriebes gewesen war, der seinen Plan nicht erfüllen konnte. Ihre Mutter war Journalistin. Als die Eltern sich entschlossen, aus der DDR wegzugehen – die genauen Gründe sollte Inka erst viel später erfahren –, kam sie zur Großmutter, der Mutter ihres Vaters. Man wollte sie in den Westen holen, sobald es möglich war. Sie sollte nicht in Gefahr kommen. Aber es kam anders.

Die Flucht mißglückte, der Vater kam dabei um. Die Mutter sperrte man ins Gefängnis. Die Richter verurteilten sie zu jahrelanger Haftstrafe. Sie wollten ihr auch das Sorgerecht für Inka entziehen.

».. . Dagegen habe ich mich gewehrt, obwohl meine Haftzeit dadurch nicht leichter war. Ich bin auch in meinem Entschluß festgeblieben, daß ich in die Bundesrepublik entlassen werden wolle. Wäre ich geblieben, hätte man mir das Sorgerecht für dich, Ina, gewiß nicht wieder übertragen. Und niemals wieder hätte ich in meinem Beruf als Journalistin arbeiten können. Ich hätte für immer darüber schweigen müssen. Das wollte ich nicht. Deshalb müssen wir noch eine kurze Zeit der Trennung erdulden. Doch dann sind wir für immer beisammen . . .«

Inka legte den Brief aus der Hand und war ganz benommen von dem, was sie gelesen hatte. Tagelang lief sie mit dem Bild in sich herum, wie der Vater zwischen dem Stacheldraht hing und verblutete. Sie lief heimlich zum Südfriedhof und suchte das Grab der Großmutter, in dem auch die Urne des Vaters bestattet war. Sie stand vor dem efeubewachsenen Hügel mit dem glatten grauen Stein, aber sie empfand nichts dabei. Sie hatte es sich irgendwie anders vorgestellt, so, wie sie es manchmal in Büchern gelesen hatte: vor dem Grab hinknien und weinen. Aber nichts, nichts rührte sie. Es war ein Grab wie viele andere auf diesem großen Friedhof.

Bedrückt ging sie wieder davon. Sie hatte gedacht, etwas zu finden, was nur ihr gehörte.

Auf Wiedersehen, Johanna

Die großen Ferien rückten näher. Inka hatte ein wenig Angst vor den Zensuren, denn sie hatte die letzten Mathearbeiten verpatzt. Auch in anderen Fächern war sie schlechter geworden.

Frau Nogler bestellte sie zu sich ins Zimmer. »Was ist los mit dir? Läufst rum wie sieben Tage Regenwetter, bringst schlechte Leistungen in der Schule und redest mit niemandem. Also? Was ist los?«

»Hat ja alles eh keinen Zweck!« Inka hoffte, eine passende Ausrede zu finden. Wenn Frau Nogler den wahren Grund wüßte, gäbe es ein ewiges Fragen und wer weiß was noch alles. Vielleicht müßte sie dann sogar zum Stadtbezirk.

»Du meinst wegen der Sportschule?«

Inka griff den Strohhalm auf. »Ja«, antwortete sie. »Warum klappt es nicht bei mir? Warum nicht, Frau Nogler?«

Mal sehen, dachte sie, was ich jetzt wieder für einen Schwindel erzählt bekomme.

»Fahre erst mal ins Ferienlager, Ina.« Frau Nogler ging nicht auf die Frage ein. »Nachher sieht sicher alles anders aus. Vielleicht . . .«

»Klappt es vielleicht doch noch?« fragte Inka, und ihr Herz begann wie rasend zu klopfen. Nur nicht verraten jetzt, dachte sie. Sonst ist es sicher ein für allemal aus. Aber wenn sie noch nichts wissen, dann kriege ich vielleicht die Delegierung zur Sportschule doch.

»Ich mache in den Ferien freiwillig Mathe«, sagte sie.

»Mach mal!« Frau Nogler lachte. »Das kann nie schaden.«

Inka glaubte daraus zu erkennen, daß doch noch Hoffnung für die Sportschule da war. Jetzt ärgerte sie sich, daß sie in den letzten Wochen überall so nachgelassen hatte. Nur mit diesem Brief und solchen Gedanken war sie beschäftigt gewesen, statt alles zu tun, damit sie es doch noch schaffte, auf die Sportschule zu kommen. Dadurch hatte sie sich vielleicht alles verpatzt. Und wer sagte ihr denn, daß das alles stimmte? Vielleicht war das ein ganz anderes Mädchen, zu dem diese Frau Siebert gehen sollte, um ihr das alles zu sagen. Vielleicht war sie gar nicht gemeint!

Inkas Kopf wurde richtig heiß bei diesen Gedanken. Nur rasch hier raus, dachte sie, damit Frau Nogler nicht doch noch etwas merkt. Doch die war schon aufmerksam geworden. »Ist dir nicht gut?« fragte sie.

»Doch, doch, Frau Nogler. Darf ich jetzt gehen?«

»Na, schwirr ab!«

Inka rannte ins Mauseloch und war froh, daß die anderen gerade im Aufenthaltsraum waren. Sie wühlte das Tagebuch aus dem Versteck hervor und öffnete es. Sie hatte aus dem gepolsterten Umschlag eine Vertiefung ausgehoben, so, wie sie es mal in einem Krimi gesehen hatte. Da hatte einer etwas in einem Buch versteckt. Diese Vertiefung war gerade groß genug, den Brief und das Foto aufzunehmen. So einfach zwischen den Seiten eingeklebt, das war ihr doch zu unsicher erschienen. Aber auf diese Weise hatte Inka jetzt alles sicher unter Verschluß. Trotzdem verbarg sie das Tagebuch jedesmal sorgfältig, wenn sie wieder etwas hineingeschrieben hatte.

Diesmal nahm Inka zuerst das Foto aus dem Tagebuch. Oft hatte sie es schon angesehen, aber jedesmal legte sie es enttäuscht zurück. Es war ein Foto wie jedes andere. Und auch der Brief – alles kam ihr fremd vor, und je mehr sie darüber nachdachte, desto mehr glaubte sie, daß sie mit all dem gar nicht gemeint war.

Mit dem Foto in der Hand setzte sie sich vor den kleinen Handspiegel. Sie lehnte ihn gegen zwei Bücher und verglich das Foto mit ihrem Gesicht: Dunkles Haar – ja, das hatte sie auch. Aber ihres war länger, nicht so kurz geschnitten. Die Augen? Meine Augen sehen anders aus! Ich habe viel dichtere Augenbrauen und viel längere Wimpern. Und Sommersprossen habe ich auf der Nase. Die Frau auf dem Foto hat keine. Überhaupt – so sehen viele Leute aus. Warum soll das ausgerechnet *meine* Mutter sein?

Sie verbarg Brief und Foto wieder im Tagebuch, dann holte sie den blauen Filzstift, den ihr Susanne geschenkt hatte. An diesem Tag schrieb sie auf eine neue Seite:

»Ich bin richtig froh, daß ich das herausgefunden habe. Das ist bestimmt alles eine Verwechslung. Ich bin damit gar nicht gemeint. Sicher ist es ein ganz anderes Mädchen, das zufällig auch Ina heißt. Ich werde den Brief und das Foto für dieses Mädchen aufheben. Vielleicht meldet sie sich mal. Dann gebe ich ihr alles, damit ihre Mutter das nicht umsonst aufgeschrieben hat. So ein Brief macht viel Arbeit. Und nun kann ich vielleicht doch noch zur Sportschule und Adoptiveltern bekommen. Später werde ich zur Olympia-Mannschaft kommen, wenn ich gut bin. Ich werde so gut sein, daß unser Staat stolz auf mich ist. Und meine Eltern sind bestimmt keine Republikverräter.«

Johanna wunderte sich sehr, wie Inka sich von einem Tage zum anderen verändert hatte.

»Ist bei dir der Knoten wieder geplatzt?« fragte sie scherzend. »Ich dachte schon, du hast die Lust am Training verloren. Schade wär's schon, bei deinem Talent.«

Übermütig sprang Inka ins Wasser. Dann schwamm sie gleichmäßig, eine Bahn wie die andere. Ihr Trainingspensum mußte stimmen. Sie fühlte auch, daß sie wieder in bester Form war. Das alles hatte wie eine Last auf ihr gelegen. Nun fühlte sie sich frei. Das alles war ja nur ein Irrtum gewesen.

»Wenn ihr aus dem Ferienlager zurück seid, mußt du noch

mal tüchtig ran, Inka«, sagte Johanna. »Ich habe dich für die Mannschaft aufgestellt, die im Dezember nach Rostock fährt.«

Inka fiel Johanna vor Freude um den Hals. Alles war wieder gut. Die Welt war wieder in Ordnung.

Doch dann kam ein Wermutstropfen in ihre Freude.

»Ab September wird euch eine andere Studentin trainieren. Ich muß mich auf mein Examen vorbereiten. Mach mir keine Schande, Inka.«

Sie saßen, wie schon so oft, auf der Bank und schauten dem Training der anderen zu. Wie immer war zu wenig Platz für alle Gruppen in der Schwimmhalle. Wenn man nicht zu einer Trainingsgruppe gehörte, kam man überhaupt nur schlecht in die Halle. Nur zu bestimmten Tageszeiten waren die Volksschwimmhallen für das öffentliche Baden freigegeben. Die andere Zeit waren sie für die Schule und die Sportge- meinschaften reserviert.

»Warum bist du eigentlich nicht aktiv beim Sport geblieben?« Inka hatte sich schon oft Gedanken darüber gemacht, warum Johanna, die doch so gut schwimmen konnte, keine aktive Sportlerin geworden war.

»Als ich so alt war wie du, habe ich auch wie besessen trai- niert«, sagte Johanna. Inka schien es, als schaue sie etwas wehmütig drein. Sie traute sich nicht, Johanna weiter auszu- fragen. Aber Johanna sprach von selbst weiter. »Es können eben nicht alle nach oben kommen, weißt du. Und das soll- test du lieber schon jetzt wissen, damit du mal nicht genauso enttäuscht bist wie ich. Nur die Allerbesten können antreten, wenn es darum geht, für die DDR Medaillen zu holen. Aber um die zu finden, müssen eben viele zur Auswahl da sein. Und die findet man, wenn viele trainieren und bei den Jugendspartakiaden zeigen, was in ihnen drin steckt . . .«

Johanna sprach plötzlich ganz anders als sonst, und Inka

hatte das Gefühl, als spreche sie gar nicht zu ihr. Was die Trainerin da sagte, hatte sie ja schon oft gehört. Aber ihr ging es doch um mehr. Deshalb bohrte sie jetzt weiter: »Und wenn ich noch mehr trainiere, ob ich dann mal in die Auswahlmannschaft komme?«

»Daran liegt es nicht immer, Inka. Ich hatte so tolle Trainingszeiten und auch Siege bei Wettbewerben. Doch dann haben die Sportärzte gesagt, daß es ein Risiko wäre, wenn man noch mehr Geld für mich ausgäbe. Ich hatte nicht die richtige Konstitution. Meine Körperform stimmte nicht hundertprozentig für den Leistungssport und für das Schwimmen. Aber das stellte sich auch erst später raus. Damals war ich schon älter, als du jetzt bist. Bei der DHfK hatte ich sogar schon trainiert, war mit im Ausland gewesen und dann – Pustekuchen! Mit einem Mal war Schluß, und ich mußte abtrainieren.«

Johanna war darüber ein bißchen verbittert. Inka merkte ihr das an. Sie sah nun prüfend an sich herab. Ob ihre Körperform wohl richtig wäre? Aber es war noch nichts zu erkennen. Zu schmal und ohne jegliche Besonderheiten saß sie da in ihrem dunkelblauen Badeanzug. Johanna sah den prüfenden Blick und lächelte ein wenig. »Das kannst du jetzt noch nicht erkennen, Inka. Da müssen schon noch zwei oder drei Jahre drüber vergehen. Das entscheidet sich jetzt noch nicht.«

»Aber dann könnte es doch sein, daß alles umsonst war?« fragte Inka atemlos. »Alles – und ich hätte doch lieber was anderes . . .«

Sie war so verwirrt, daß sie stotterte. Johanna war ernst geworden. »Ja. Das könnte sein. Aber wenn du es als zu großes Opfer ansiehst, dann hör lieber gleich auf. Dann hast du hier überhaupt nichts zu suchen.«

Ein Schreck durchfuhr Inka. Nein, nur das nicht! Das durfte

Johanna nicht von ihr denken. Sie beeilte sich deshalb, zu sagen: »Mir ist kein Opfer zu groß.«

»Ich wollte es dir nur noch einmal sagen, Inka.«

Inka druckste noch ein bißchen herum, dann fragte sie: »Und wenn sie mich vielleicht doch in die Sportschule aufnehmen, bin ich dann sicher, daß ...«

»Nein. Wenn es nicht klappt, dann kommst du einfach wieder in eine normale Erweiterte Oberschule.«

»Uff!« Das waren Probleme. Was erst so einfach ausgesehen hatte, entpuppte sich als so schwierig. Inka stand auf, denn die andere Gruppe kletterte eben die Leiter hinauf. Sie war mit dem Training wieder an der Reihe.

»Und trotzdem – ich mache weiter, Johanna.«

Die Trainerin lachte ihr zu und sagte: »Denkst du, ich habe was anderes von dir erwartet?«

Richtig stolz war Inka über das Vertrauen, das Johanna ihr entgegenbrachte. Während sie Bahn um Bahn schwamm und versuchte, die Wende immer schneller hinzubekommen, machte sie große Pläne. Wenn es mit der Sportschule klappt, dachte sie, dann werde ich so trainieren, daß es gar nichts ausmacht, wenn ich auch nicht die richtige Körperform habe. Hauptsache, ich bin schnell genug und bringe gute Medaillen von den Wettkämpfen mit nach Hause. Wenn es mit der Sportschule schiefgeht, dann muß ich eben so gut sein, daß ich in eine Trainingsgruppe bei der DHfK aufgenommen werde. Alle sind ja nicht in der Sportschule, und trotzdem dürfen sie mit zu den Wettkämpfen fahren. Manche fahren sogar ins Ausland.

Und sie träumte vor sich hin – die Szene vom großen Erfolg, die sie oft mit offenen Augen träumte: Die Tribüne voller Menschen, und unter diesen vielen Menschen sitzen ihre Adoptiveltern. Es ist der Tag der Republik, und sie haben alle ihre Orden angelegt. Inka schwimmt in der Staffel als letzte –

und alles sieht so aus, als würde die Staffel verlieren. Da geht Inka an den Start. Wie ein Pfeil zischt sie ab und schwimmt so schnell wie noch nie. Endlich schlägt sie an, und als sie sich umdreht, sind alle noch hinter ihr. Sie hat ihrer Staffel zum Sieg verholfen. Und dann kommt die Siegerehrung. Inka bekommt eine große Medaille überreicht. Von der Tribüne aus winken die Eltern, und die haben beide ihre blitzenden Orden angesteckt...

Inka war noch so in ihrem Traum befangen, daß ihr Gesicht ganz glücklich aussah, als sie wieder auf den Fliesen neben Johanna stand.

»Schau mal, was ich für dich habe, Inka«, sagte Johanna und legte Inka ein kleines Päckchen in die Hand. »Das ist eine Erinnerung an mich, wenn ich nicht mehr mit dir trainieren kann. Ich habe sie selbst getragen, als ich so alt war wie du.« Sie lächelte ein wenig. »Und als ich solche Pläne hatte wie du.«

Inka wickelte das Päckchen aus. Eine Armbanduhr! Johannas Armbanduhr.

»Die ist für mich?« Fassungslos hielt Inka das kleine Päckchen mit der verchromten Uhr in der Hand.

»Ja. Für dich.« Johanna nahm die kleine, sportliche Uhr und befestigte sie an Inkas linkem Handgelenk. »Wenn mal was schiefgeht, dann denk daran, daß ich es auch geschafft habe, etwas zu finden, was mich froh macht.«

Inka nickte und hatte einen Kloß im Hals. »Was macht dich froh, Johanna?« fragte sie leise und befühlte vorsichtig das Metallgehäuse an ihrem Handgelenk.

»Zum Beispiel, mir wieder selbst zu gehören. Aber das verstehst du noch nicht. Mach dir darüber keine Gedanken. Und wenn du mal einen dringenden Rat brauchst – ich bin ja nicht aus der Welt. Kommst du dann zu mir?«

»Ja. Bestimmt.«

Inka legte feierlich ihre Hand in die Johannas.

Die Armbanduhr wurde Inkas ganzer Stolz. Frau Nogler wollte natürlich wissen, woher Inka diese Uhr hatte. Als sie erfuhr, wie alles zusammenhing, freute sie sich genauso darüber wie Inka. »Die mußt du aber schön in Ehren halten, Mädchen. Da hängen Erinnerungen dran, die ist nicht einfach in einem HO-Uhrenladen gekauft.«

Das hätte sie Inka gar nicht sagen müssen, denn Inka fühlte genau, was Johanna damit gemeint hatte.

»Ich weiß schon, Frau Nogler. Das ist eine Verpflichtung, damit ich nicht aufgebe, wissen Sie.«

Die Heimleiterin zog Inka für einen kleinen Augenblick an sich und streichelte den Kopf des Mädchens.

»Bist schon ein prima Kerl«, sagte sie. »Bleib nur so, wie du bist.«

Ein See gleich vor der Haustür

Sie durfte die Armbanduhr mit ins Ferienlager nehmen. Frau Nogler drückte einfach ein Auge zu bei der schlechten Mathezensur. Inka hatte sich fest vorgenommen, daß diese Vier auf dem nächsten Zeugnis verschwunden sein mußte. Und so war sie fast ebenso froh wie die anderen, als sie mit ihnen in den Omnibus stieg, den der VEB Perfecta zur Schule geschickt hatte, um die ganze Klasse 4b in das Betriebsferienlager an den See bei Berlin zu bringen.

»Prima, daß wir diesmal alle beisammen sind und nicht jeder seine Extrawurst hat«, verkündete Carola lautstark, kaum daß der Bus über Leipzigs Norden hinaus war und am Flughafen Mockau vorbeifuhr, um auf die Autobahn nach Berlin zu kommen. »Da machen wir ein Lagertagebuch, ist das klar? Und bis zum Beginn des nächsten Schuljahres eine Wandzeitung, wo wir uns alle verpflichten . . .«

Sie bekam keine Möglichkeit, ihre Vorschläge für kollektive Verpflichtungen vorzutragen. Die Jungen pfiffen laut und die Mädchen schrien »Buh!«

Carola setzte sich in ihre Fensterecke und schwieg beleidigt. Susanne, die den Platz neben ihr hatte, sagte beschwichtigend: »Wir haben doch Ferien, Carola. Laß uns erst mal dort sein. Vielleicht ist auch mal schlechtes Wetter, da können wir . . .«

Aber Carola fauchte nur zurück: »Jawohl! Bei Regenwetter denken wir mal wieder an den Klassenfeind! Aber wenn die Sonne scheint, rennen wir unseren Vergnügungen nach.«

Inka, die mit Tutty eine Reihe dahinter saß, schnitt zu Susanne hinter Carolas Rücken eine Grimasse. Sie mußten alle darüber lachen, nur Carola starrte zum Fenster hinaus und redete bis zum Halten auf einem Rastplatz kein Wort mehr.

»Zicke«, sagte Tutty. »Die denkt wohl, sie kann uns hier weiter schikanieren. Sind wir in der Schule? Die kann wat erleben, da kannste Gift druff nehm'! Ick denk mir da schon wat Feines aus.«

Inka mußte über Tutty lachen, weil die ganz aus dem Häuschen geriet, je näher der Bus seinem Ziel kam. Freilich, Tutty stammte ja aus Berlin, aber die meiste Zeit war sie in Heimen gewesen, weit entfernt von Berlin. Das machten sie so, damit die Eltern nicht alle nasenlang im Heim aufkreuzten. Bei ihr war das egal, da konnten keine Eltern kommen.

Plötzlich waren Inkas Gedanken wieder bei ihrem großen Problem. Sie hatte versucht, das alles einfach zu vergessen, und nichts als der Brief im Tagebuch erinnerte noch an die Begegnung mit Margot Siebert. Keine Nachricht war in der Zeit danach zu ihr gekommen. Frau Siebert hätte doch wenigstens mal eine Karte schreiben können. Wenn Inka Frau Nogler vorsichtig aushorchte, war da auch nichts zu spüren, daß sich irgendwas verändert hatte, was mit ihr, Inka, zusammenhing.

Inka hatte das Tagebuch in ihren Campingrucksack gesteckt. Alle hatten einen Campingrucksack mit, darin waren die ganz persönlichen Sachen. Im Koffer, der schon einen Tag vorher aus dem Heim abgeholt worden war, hatte Frau Nogler selbst die Wäsche verstaut, die mitgenommen werden mußte. Eine ganze Liste war das.

»Es muß alles seine Ordnung haben«, hatte die Heimleiterin gesagt. »Wenn ich eure Mutter wäre, müßte ich auch alles selbst einpacken. Und für euch soll es auch nicht anders sein.« Frau Nogler war manchmal richtig prima. Ganz anders als die anderen Erzieherinnen. Ganz besonders streng war Frau Sachs. Die war auch manchmal richtig ungerecht, außerdem verstand sie sich viel besser mit den Jungen im Heim. Die konnte sie besser herumkommandieren. Die Mädchen heulten immer gleich, wenn Frau Sachs schimpfte.

Die Heimleiterin war da ganz anders. Sie war gerecht und auch nicht nachtragend. Und sicher erwies sich das auch mit dem Brief als Irrtum, und Frau Nogler hatte gar nicht gelogen, wenn der Brief für ein ganz anderes Mädchen bestimmt war.

Inka wurde wieder richtig froh, wenn sie jetzt an die Heimleiterin dachte. Darauf konnten sich die sechs, die aus dem Heim mit in das Betriebsferienlager fuhren, verlassen: ihre Sachen waren tipptopp in Ordnung. Und darauf waren die Kinder stolz. Frau Nogler paßte sehr genau auf, daß ihnen nichts Schlechtes nachgeredet werden konnte.

Der Bus verließ die Autobahn und fuhr durch kleine Orte. Überall Kiefernwald und Sand. Die Sonne schien, kein

Wölkchen trübte den Himmel. Und dann war es soweit. Er war da: der See. Sie sprangen alle von ihren Sitzen auf und schrien wild durcheinander, bis Frau Sachs, die als Betreuerin mitfuhr, sich mit lauter Stimme Gehör verschaffte: »Wir sind gleich da«, rief sie. »Packt schon mal euren Kram zusammen, damit es dann beim Aussteigen schneller geht.«

Schon bog der Bus in eine Toreinfahrt ein. Ein großes Schild, quer über dem Eingang, verkündete: »Willkommen im Betriebsferienheim des VEB Perfecta! Mit guten Leistungen voran – zum Wohle unserer sozialistischen DDR!«

»Mann!« sagte Tutty bloß und machte große Augen.

Vor ihnen standen vier große Baracken, die mit ihrem leuchtendgelben Anstrich so richtig mit der Sonne wetteiferten. Keine hundert Meter weiter sah man den See durch die Kiefern schimmern. Die kleinen Wellen sprangen in der Sonne blitzend ans Ufer. Und eine Luft war das!

Inka ließ einfach ihren Campingbeutel fallen und rannte davon. Wasser – drei Wochen lang Wasser vor der Haustür! Sie vergaß alles ringsum und schaute selbstvergessen auf den See hinaus, auf dem kleine Segelboote schaukelten und eine Schwanenfamilie majestätisch vorüberzog. So ein Gefühl hatte sie lange nicht gehabt. Am liebsten hätte sie vor Freude geheult. Sie bückte sich und ließ den Sand durch die Finger rieseln. Dann zog sie die Schuhe und Söckchen aus und watete bis zu den Knien ins Wasser hinein.

»Schön, was?« sagte plötzlich eine Stimme neben ihr. Inka schrak zusammen und drehte sich um. Doch als sie die eine der Betreuerinnen erkannte, die mit ihnen im Bus hierhergefahren war, verschwand ihr Schrecken sofort.

»Du bist die Inka, ja?« Ein freundliches Lächeln begleitete die Frage. Inka fühlte sich sofort zu dieser Frau hingezogen. Die schien ähnlich wie sie von all dem Schönen hier ringsum überwältigt zu sein. Eine ganze Weile standen sie so, dann gingen sie zu den Baracken zurück. Ein fröhlich klingender Lärm kam ihnen entgegen.

»Ich bin Susannes Mutter«, sagte die Frau. »Und ihr könnt mich einfach Maxi nennen und auch du zu mir sagen, wenn ihr möchtet.«

Inka nickte eifrig und probierte gleich mal den neuen Namen: »Maxi – klingt super!« Sie lachten beide. Aber da kam Tutty schon dazwischen und fauchte wie eine verärgerte Katze: »Biste von 'ner Natter jebissen? Wenn ick mir nich um det Quartier jekümmert hätte, könntste jetzt mit Carola deine kummervollen Nächte verbringen.«

Damit zog sie Inka in die Baracke hinein und in ein Zimmer, in dem drei Doppelstockbetten standen.

»Fast wie im Mauseloch!« rief Inka aus. Aber Tutty war noch immer wütend.

»Ick dacht', mir piekt n' Affe«, berlinerte sie weiter, »läßt einfach die Klamotten liegen und rennt an die Pfütze. Det siehste noch drei Wochen lang. Aber det Bette war nur een- mal zu verteilen, und zwar sofort.«

Auf dem oberen Bett am Fenster lag Inkas Campingbeutel. Tutty hatte schnell die beiden besten Bettplätze mit Beschlag belegt.

»Bist große Klasse, Tutty. Echt Spitze!« sagte Inka und ver- söhnte damit die schimpfende Freundin. Sie kletterte auf das Bett hinauf, um das Zimmer von oben zu betrachten. Außer Tutty waren noch Brit, Angelika, Susanne und Bienchen in diesem Zimmer untergebracht.

»Wie in unserem Mauseloch«, verkündete nun auch Brit. »Nur noch ein bißchen Zuwachs.«

Sie lispelte wie immer, und alle lachten.

Susanne holte eine Plastiktüte aus ihren Campingbeutel und verteilte Mischka-Pralinen. »Hat mein Vater aus Moskau mitgebracht. Hier, mein Einstand im Mauseloch.« Susanne war immer sehr freigebig, und Inka fand es richtig prima, daß sie den großen Pralinenbeutel nicht in ihrem Gepäck versteckte, sondern versprach, die Pralinenstücke mit dem bunten Einwickelpapier ganz gerecht zu verteilen.

Inka saß wieder oben auf ihrem Bett und verzehrte mit Genuß ihre zwei Mischkas. Sorgfältig glättete sie das Einwickelpapier, auf dem drollige Bären abgebildet waren. Die wollte sie in ihr Tagebuch einkleben.

Mitten hinein in die schöne Ferienstimmung platzte Carola. »Um zwölf ist Fahnenappell. Essen gibt's um ein Uhr. Abends wird um sechs gegessen, und Frühstück ist um halb sieben. Ist das klar?«

»Sind wir doof?« konterte Tutty wütend. »So ville wern wir noch kapieren. Is det klar?« Alle lachten.

Carola überhörte das absichtlich. Sie wollte gerade wieder eine militärische Kehrtwendung nach draußen machen, da fiel ihr noch ein: »Denkt mal darüber nach, wer von euch die Verantwortung für das Zimmer übernimmt. Ich kann mich ja nicht um alles kümmern.«

»Stubenälteste, wa?« krähte Tutty und schob provozierend ein dickes Konfektstück in den Mund.

»Na, du bestimmt nicht!« Carola stellte sich steif hin und musterte alle. »Und Inka auch nicht, die weiß ja nicht mal, was Disziplin ist. Schmeißt den Campingbeutel in die Gegend und rennt eigenmächtig zum See runter.«

»Muß ich mir dazu vielleicht von dir die Erlaubnis holen?« Inka sprang von ihrem Hochsitz herunter und stellte sich kampflustig vor Carola hin. »Von dir nicht, das merk dir mal. Wir haben Ferien, und die Schikaniererei kann ich schon lange nicht leiden. Ist das klar?« Spöttisch benutzte sie Carolas Redewendung und wartete gespannt die Wirkung ab. Die blieb auch nicht aus. »War ja nicht anders zu erwarten von euch aus dem ...« Sie schwieg betroffen, weil sie merkte, daß sie da etwas sagen wollte, was sich nicht mit ihrer zur Schau getragenen Kollektivität vertrug. Aber Tutty hatte genau hingehört. Sie stellte sich neben Inka und griff an: »Von euch aus dem Heim, wollteste doch sagen, wat? Jetzt will ick dir mal wat flüstern. Bei uns herrscht mehr Disziplin, als du dir in dein' kleen Kopp vorstellen kannst, du – du Funktionär!«

Alles schien in einen offenen Streit überzugehen. Susanne schaute ganz ängstlich drein und war drauf und dran, Carola zur Versöhnung ein Mischka anzubieten. Aber Brit nahm ihr den Beutel weg und stellte ihn demonstrativ auf das Bett.

»Die sind für unser Kollektiv«, sagte sie. »Und Carola wird uns nicht vorschreiben, wer hier Zimmerälteste wird. Wir wählen uns selbst eine, und wenn wir fertig sind, wirst du es erfahren. Jetzt zisch ab, aber ein bißchen plötzlich.«

Carola war ganz verdattert, wollte sich aber noch einen guten Abgang verschaffen. Schließlich sagte sie nur: »Pünktlich um zwölf, Fahnenappell. Ist das klar?«

»Det is klar wie dicke Nudelsuppe!« höhnte Tutty, und Carola verschwand endlich aus dem Zimmer.

»Mensch, die kann einem aber auf den Wecker fallen!« Inka kletterte wieder auf ihr Bett hinauf und verstaute ein paar Sachen auf dem Regalbrett, das neben dem Kopfende angebracht war. Ihr Tagebuch steckte sie aber geschwind unter die Matratze. Sie hatte auch die Taschenlampe mitgenommen und ein Buch vom Geburtstag, das sie noch nicht gelesen hatte. Sie seufzte. Küchendienst würde sie hier bestimmt nicht freiwillig machen. Sie legte sich auf das Bett und wippte ein wenig, um auszuprobieren, wie man darin schlafen konnte. Die Welt war wieder mal in Ordnung für sie.

Maxi

Drei Wochen an einem großen See. Das hatte Inka sich schon lange gewünscht. Und sie wußte, daß in den drei Wochen allerhand unternommen wurde. Sportwettkämpfe vor allem, aber auch Wanderungen und Exkursionen, Lesestunden, zu denen manchmal sogar eine Bibliothekarin oder ein Schriftsteller auftauchte. Manchmal kamen auch Veteranen, die in der Nähe wohnten. Sie wurden von einem »Wolga« mit einem Fahrer gebracht und erzählten von früher, als sie noch für den Sozialismus kämpften und noch nicht mit einem Wolga-Auto fuhren.

Vor allem wollte Inka für den Schwimmwettkampf in Rostock trainieren. Bis zum Dezember war es nicht mehr lange, auch wenn jetzt noch Sommer war und sie Ferien hatte. Sie wollte so gut sein wie noch nie. Und dann mußte man sie einfach auf die Sportschule schicken. Inka hatte große Pläne.

Tutty aber meckerte: »Bauste wieder Luftschlösser? Komm runter von da oben. Gleich isset zwölfe. Fahnenappell!«

Wie zu erwarten war, stand Carola neben dem Lagerleiter. Sie trug ein rotes Pionierhalstuch über dem weißen Pulli und machte ein wichtiges Gesicht. Auf das rote Pionierhalstuch war sie besonders stolz, weil sie das mal von einem sowjetischen Pioniermädchen eingetauscht hatte bei einem Freundschaftstreffen. Inka hatte damals keins abbekommen, weil nur fünf sowjetische Pioniere dabeigewesen waren. Aber sie fand ihr blaues Halstuch auch schön, besonders wenn Frau Nogler es frisch gebügelt hatte. Heute allerdings hatte sie gar nicht daran gedacht, es umzubinden, obwohl es frisch gebügelt obenauf im Koffer gelegen hatte. Viele der anderen hatten auch kein Halstuch um. Jetzt, als sie den Lagerleiter im blauen FDJ-Hemd vor sich stehen sahen, fiel ihnen ihr

Versäumnis ein. Aber es war ja nichts mehr daran zu ändern.

»Pioniere, seid bereit!« sagte der Lagerleiter laut. Er schaute auf die Kinder, die sich in Hufeisenform aufgestellt hatten, wie sie es von der Schule her gewöhnt waren. Fahnenappell war ihnen nichts Neues.

Inka zählte schnell durch. Außer ihnen waren noch mindestens drei andere Klassen da. Es konnten auch Kinder aus verschiedenen Schulen sein. Fast alle waren in ihrem Alter, nur ein paar Kleine waren dabei. Das sind ja mindestens hundert! dachte Inka. Dazu kamen noch die Betreuer, und aus der einen Baracke, in der sicher der Aufenthaltsraum und die Küche untergebracht waren, schauten ein paar Frauen aus dem Fenster. Sie hatten weiße Kittel an und trugen weiße Netzhäubchen.

Wie bei uns im Heim, dachte Inka. Fehlt bloß noch Frau Kaminsky. Das Zeremoniell kannte Inka gut genug, deshalb achtete sie nicht auf das, was der Lagerleiter sagte, sondern schaute sich um. Inzwischen wehte die Pionierfahne über dem Lager und daneben die Staatsflagge mit dem Emblem aus Hammer, Sichel und Ährenkranz.

». . . werden wir unsere Ferien gemeinsam mit Pionieren aus Leningrad verbringen«, sagte eben der Lagerleiter mit dem Blauhemd. Inka wurde aufmerksam. Jetzt ärgerte sie sich, daß sie nicht genau hingehört hatte. »Morgen vormittag werden die Jungen und Mädchen aus der Sowjetunion hier eintreffen. Ich hoffe, ihr werdet ihnen einen würdigen Empfang bereiten.«

»Also nischt mit 'ner Abkühlung«, flüsterte Tutty. »Da wird sich unsere Carola schon wieder zu wat verpflichten. Der Nachmittag ist im Eimer!«

»Beweist, daß ihr echte Thälmann-Pioniere seid!« sagte der Lagerleiter zackig und beendete damit den Fahnenappell.

Endlich ging es zum Essen in die große Baracke. Der Raum

war freundlich und blitzsauber. In einer Ecke war eine große Tafel aufgestellt und mit blauem Tuch bespannt worden. Das Pionieremblem war aber bisher das einzige, das auf dieser Tafel angebracht war. Sicher soll das die Freundschaftsecke werden, dachte Inka. Und die blaue Tafel war als Wandzeitung gedacht. Na, wenn schon! Sie waren immerhin hundert, wer weiß, ob da irgend jemand was von ihr verlangte. Inka ließ sich ihre gute Laune nicht nehmen. Auch nicht, als Carola ein Treffen der Zimmerältesten für vierzehn Uhr ansetzte.

Susanne hatte sich breitschlagen lassen. Sie übernahm die Funktion, wenn auch nicht sehr gern. »Gerade ich werde die Carola nicht los«, maulte sie. Aber es half ihr nichts.

So waren wenigstens ein paar Stunden Freizeit gerettet. Auch vom Küchendienst blieb Inka an diesem Tage verschont, und außerdem war das alles für sie nicht so eine Umstellung wie für diejenigen, die den Heimbetrieb nicht kannten. Sie hatten freie Zeit, mindestens bis um drei Uhr. Dann sollten sich alle wieder einfinden. »Kakao und Kuchen zur Begrüßung«, kündigte Frau Kirsten an, Susannes Mutter, die sie Maxi nennen durften.

»Wer baden will, der meldet sich bei mir!« sagte Maxi.

»Wer ins Dorf will, der meldet sich bei mir!« rief Frau Sachs.

»Bücher und Spiele gibt es bei mir!« sagte eine dritte Betreuerin.

»Und Sportgeräte könnt ihr von mir haben«, versprach der Lagerleiter, der sich als Harald vorstellte, und den sie auch duzen sollten.

»Na ja, ist ja jeloofen«, stellte Tutty befriedigt fest und holte ihre Badesachen aus dem Koffer. Sie ließ ihn dann mitten im Zimmer stehen.

Susanne drückste ein bißchen herum und sagte dann: »Tutty, bitte, tu mir den Gefallen und räum deine Sachen in den

Schrank. Wenn Carola erst mal eine Wut auf uns hat, dann kriegen wir nur Ärger.«

»Willste den Funktionär spielen?« Tutty gab dem Koffer einen Schubs und stieß ihn einfach unter das Bett. Aber Inka holte ihn wieder hervor und bestimmte: »Auspacken! Susanne hat ganz recht. Wegen deiner Schlamperei lassen wir uns nicht von Carola die Ferien vermiesen. Wetten, die macht auch noch Schrankkontrolle!«

»Olle Zicke!« schimpfte Tutty. Sie beeilte sich aber nun, den Kofferinhalt ordentlich in ihren Schrankfächern unterzubringen, wie es die anderen schon getan hatten.

»Na, dann muß ich mal!« sagte Susanne und meinte damit die erste Sitzung bei der Lagerleitung. Man sah ihr an, wie wenig Lust sie hatte, dort hinzugehen.

Inka bedauerte sie ein bißchen. Sie konnte sich gut vorstellen, daß Susanne lieber baden gegangen wäre, denn sie selbst freute sich sehr auf dieses erste Bad im See. Sorgfältig löste sie ihre Uhr vom Handgelenk und legte sie auf das kleine Regalbrett neben ihrem Bett. Den Badeanzug hatte sie schon unter dem Kleid, und auch die Söckchen trug sie nicht mehr. Nun nahm sie noch ein Handtuch aus dem Waschraum mit, das an dem Platz hing, der für sie bestimmt war. Auf allen Dingen, die sie in den drei Wochen benutzen sollte und die dem Lager gehörten, war ein Kleeblatt abgebildet. Andere Kinder hatten Pilze, Blumen, Schmetterlinge, Vögel. Aber es gab auch solche Zeichen wie Enterbeile, Gewehre, Panzer, Flugzeuge. Dafür interessierten sich hauptsächlich die Jungen. Jeder konnte sich ein Zeichen auswählen, das ihn in den kommenden drei Wochen begleiten sollte.

Ähnliches kannte Inka ja schon aus dem Heim, aber für die meisten anderen war das ganz neu, und sie machten viel Wesen darum. Inka hatte sich ein vierblättriges Kleeblatt ausgesucht. Es sollte Glück bringen.

Mit dem Handtuch in der Hand rannte sie zum Seeufer hinunter. Maxi und einige Jungen und Mädchen waren schon vor ihr da.

»Also«, sagte Maxi gerade, »erst eine halbe Stunde ausruhen, dann dürft ihr ins Wasser.«

»Ooch!« maulten einige, hauptsächlich die Jungen. »Es ist doch so heiß!« Unwillig fügten sie sich der Anordnung.

»Mit vollem Bauch geht man nicht ins Wasser«, sagte Inka. Nicht um sich bei Maxi anzubiedern, sagte sie das, sondern weil sie es vom Training her wußte.

»Richtig«, bestätigte Susannes Mutter. »Also, sucht euch ein schattiges Plätzchen unter den Bäumen.«

Inka richtete es so ein, daß sie neben Maxi Kirsten zu liegen kam. Tutty machte sich aus dem Staube, denn sie mochte es nicht, von Erwachsenen beobachtet zu werden.

»Machen wir auch Wettkämpfe?« fragte Inka.

»Das ist eine gute Idee«, erwiderte Maxi. »Du bist wohl gut im Schwimmen?«

»Ich trainiere«, sagte Inka stolz. »Und ich möchte auch gern zur Sportschule.« So, jetzt war es heraus. Sollte diese Maxi nur gleich wissen, woran sie mit ihr war. Vielleicht hatte Inka dann Gelegenheit, öfters ins Wasser zu gehen als die anderen, denn ihr Pensum für das Training wollte sie auf jeden Fall einhalten. Und das sagte sie auch gleich.

Maxi dachte nach, dann machte sie einen Vorschlag. »Unbeaufsichtigt darf ich niemanden ins Wasser lassen, Inka. Ich bin für euch verantwortlich. Der Harald und ich, wir müssen die sportliche Freizeitgestaltung beaufsichtigen. Aber wenn du gern möchtest und wenn das Wetter danach ist, könnten wir gemeinsam schwimmen. Ich habe gedacht, daß das vor dem Frühstück sehr schön wäre. Machst du mit? Ich würde mich freuen, wenn ich nicht allein sein müßte. Es kostet mich sicher viel Überwindung, ins kalte Wasser zu springen.«

Inkas Augen leuchteten. Sie versprach, jeden Morgen pünktlich zur Stelle zu sein. Susannes Mutter lächelte: »Du tust mir wirklich einen großen Gefallen damit, wenn du bei der Stange bleibst. Ich weiß nicht, ob ich sonst jeden Morgen was für meine schlanke Linie tun würde. Und Susanne – die muß sich schonen. Ihre Bronchien sind sehr angegriffen. Außerdem soll sie in diesen drei Wochen erst mal richtig sicher werden beim Schwimmen.«

»Ich weiß«, bestätigte Inka. »Aber das kriegen wir schon hin.«

»Wenn du mir hilfst, bestimmt, Inka.«

Maxi machte einen Plan, und Inka bekam dabei die Aufgabe, sie bei allen Spielen im Wasser, bei den Wettkämpfen und dem Training für die Wettkämpfe zu unterstützen. Inka war ganz stolz und glücklich. Mit Feuereifer machte sie sich daran, alle möglichen Spiele auszudenken. Da konnte sie ja nach Herzenslust immer im Wasser sein!

»Aber du mußt halt auch aufpassen, damit nichts passiert. Allein schaffe ich das nicht. Kann ich mich auf dich verlassen, Inka?«

»Ja«, versprach Inka feierlich.

Sie hatte gar nicht bemerkt, wie schnell die Ruhestunde durch dieses Gespräch vergangen war. Sie war stolz, als Maxi sie vor den anderen zu ihrer Stellvertreterin ernannte. Inkas Anordnungen sollten genauso befolgt werden, als wären es ihre eigenen.

Was ist Freiheit?

Am nächsten Morgen war Inka schon wach, als die anderen noch schliefen. Inka schaute immer wieder auf ihre Armbanduhr. Sie wollte pünktlich am See sein, um mit Maxi hinauszuschwimmen. Als es endlich soweit war, kletterte sie leise von ihrem Bett herunter. Den Badeanzug hatte sie schon am Abend vorher bereitgelegt. Tutty knurrte nur etwas, schlief aber gleich wieder ein. Die anderen waren gar nicht erst wach geworden.

Barfuß lief Inka zum See hinunter. Das Gras war noch feucht. Tau hing in den Halmen, und über dem See lag ein leichter Nebel. Doch die Sonne war schon da. Es war ein herrlicher Anblick. Inka hatte so etwas noch nie erlebt. Sie stand staunend da und schaute.

Kleine Wellen schlugen an den Strand, ein leichter Wind trieb sie vom See her landeinwärts. Die Schwanenfamilie, die Inka schon am Vortage gesehen hatte, zog wieder vorüber. Die Schwaneneltern und drei Schwanenkinder.

Ein kleines bißchen war Inka traurig, als sie die Schwäne sah. Sie waren eine richtige Familie, und die Schwaneneltern waren sehr besorgt um die kleinen Schwäne.

Inka merkte gar nicht, daß Maxi leise herangekommen war.

»Guten Morgen, Inka«, sagte sie. »Das ist fein, daß du so pünktlich bist.«

»Guten Morgen«, sagte auch Inka. Und dann: »Ist das nicht wunderschön hier?«

Maxi nickte. Sie schaute über das Wasser und sah so richtig schön aus, als sie in ihrem roten Bikini langsam in den See hinauslief. Inka ging hinter ihr, damit sie sie lange betrachten konnte. Maxi hatte ihr blondes Haar einfach zu einem Knoten aufgesteckt. Inka nahm sich vor, es später auch so zu machen. Eine Badekappe brauchte man hier nicht im See.

Es war noch ziemlich kalt im Wasser. Aber Inka machte das nicht viel aus. Sie warf sich plötzlich ins Wasser und schwamm übermütig spritzend vor Maxi her. Dabei hatte sie ein Gefühl, als ob sie weinen und lachen auf einmal wollte. So etwas hatte sie noch nie erlebt. Ein ganzer See – und nur sie und Maxi schwammen darin! Das war ganz anders als in der Badeanstalt oder in der Volksschwimmhalle. Einfach wunderbar war das.

Maxi war eine gute Schwimmerin, aber Inka konnte sich durchaus mit ihr messen. Sie war ganz stolz, als Maxi ihr das bestätigte.

»Jetzt müssen wir aber zurück«, sagte Maxi.

Für Inka hätte es immer so weitergehen können. Machen dürfen, was man wollte, allein sein, etwas haben dürfen, was andere nicht hatten – und die große, schöne Natur um sich. Das war neu für sie. Maxi störte sie dabei überhaupt nicht. Aber Inka wußte auch, daß sie dieses Gefühl nur haben würde, wenn sie morgens allein mit Maxi in den See hinausschwamm.

Ob das die Freiheit war, die ihre Eltern gemeint hatten? Ihre Eltern – oder die des Mädchens, an das der Brief gerichtet war.

Als Maxi ihren Rücken mit dem Handtuch trocken rubbelte, fragte Inka: »Was ist Freiheit, Maxi?«

Maxi rubbelte Inkas Rücken noch kräftiger, und ihr wurde dabei richtig schön warm. »Freiheit – ja, wie soll ich dir das erklären? Hattest du jetzt so ein Gefühl, als wir hinausschwammen?« – »Ja.«

»Siehst du, so ging es mir auch. Vielleicht ist es das: mal zu tun, was man im Augenblick gern tun möchte. Aber – das geht nicht immer.« Inka fühlte, wie sehr Maxi das bedauerte.

»Auch nicht, wenn man erwachsen ist?«

Maxi lachte. »Kindskopf! Dann erst recht nicht. – Aber wir

beide holen uns jetzt jeden Morgen ein Stückchen von dieser Freiheit hier!« Sie deutete mit der Hand über den See, der jetzt in der Frühsonne glitzerte. Nun konnte man schon viel weiter hinaussehen, bis ans andere Ufer.

Ein paar Segelboote kamen heran, und auch einige Möwen schwebten über dem Wasser, bevor sie sich auf ihre Beute stürzten.

»Das ist so schön«, sagte Inka. »Ich möchte immer so leben.«

Maxi schlang den Arm um Inkas Schulter, und sie gingen gemeinsam zum Lager zurück. Für nichts in der Welt hätte Inka diese Stunde vor dem Frühstück eingetauscht. Etwas ganz Neues war in ihr Leben gekommen.

Gegen zehn Uhr am Vormittag kamen die Pioniere aus Leningrad an. Es waren zwölf Mädchen und acht Jungen. Der feierliche Empfang, den Carola mit einigen Helfern im Auftrag der Lagerleitung organisiert hatte, fiel etwas steif aus.

Inka sah den Gästen an, daß sie am liebsten die Sachen ausgezogen hätten, um so schnell wie möglich ans Wasser zu kommen. Die Sonne brannte vom Himmel wie seit Wochen nicht mehr. Aber das wußten alle: Erst einmal muß der offizielle Teil abgespult werden. Pionierhalstücher wurden ausgetauscht, und diesmal endlich konnte Inka auch ihr blaues Halstuch gegen ein rotes der Leninpioniere eintauschen. Ein Glück, daß Frau Nogler es so schön gebügelt hatte. Dann wurden Freundschaftsgeschenke überreicht und viele Verpflichtungen abgegeben. Endlich konnten die Neuen in ihre Quartiere gebracht werden. Zum Empfang der Gäste waren die Zimmer in der Baracke mit Blumensträußen und Fähnchen geschmückt worden.

Bald war die erste Fremdheit überwunden. Nach wenigen Minuten schon konnten sich alle recht gut verständigen. Ein paar Worte Russisch, ein paar Sätze Deutsch, dazu die Hände, um zu zeigen, wofür die Worte nicht gefunden werden konnten. Und immer wieder Lachen, wenn es dadurch Mißverständnisse gab.

Inka, Susanne und Tutty freundeten sich schnell mit einem Mädchen an, das Swetlana hieß und in Leningrad zu Hause war. Der Plastikbeutel mit den Mischka-Pralinen wurde ganz schön rund, denn als Swetlana zum ersten Besuch ins »Ferien-Mauseloch« kam, brachte sie eine große Tüte Leckereien mit.

Und dann ging's wieder in den See. Das Wasser hatte eine Temperatur von über 20 Grad. Inka organisierte Spiele im Wasser, kleine Wettkämpfe, und lehrte diejenigen, die sich noch nicht recht trauten, wie man am besten schwimmen kann, ohne zuviel Kraft zu verbrauchen. Sie war ganz glücklich, und alles andere, was sie vor ein paar Tagen noch traurig gemacht hatte, lag ganz weit hinter ihr.

Doch schon bald sollten sie wieder einmal daran erinnert werden, daß es noch anderes gab als sonnige Ferientage. Schuld daran war Carola, aber keiner traute sich, das offen auszusprechen.

Harald, der Lagerleiter, gab bekannt, daß man an einem der nächsten Tage einen Ausflug nach Potsdam unternehmen würde. Sie sollten Vorschläge machen, was sie sehen wollten. »Sanssouci«, riefen fast alle wie aus einem Mund. Harald machte sich eine Notiz. Sie wurden in Gruppen eingeteilt, jede Gruppe erhielt eine Betreuerin. Maxi konnte nicht mitkommen. Sie mußte nach Berlin fahren und tat damit ganz geheimnisvoll. Nicht mal aus Susanne war was herauszubekommen.

Da meldete sich Carola. »Ich finde, wir sollten lieber nach Cäcilienhof fahren und uns dort die Gedenkstätte des Potsdamer Abkommens anschauen. Da könnten wir lernen, wie . . .«

»Buh!« riefen einige, aber die meisten hielten den Mund.

»Wir sind das schließlich unseren sowjetischen Gästen schuldig.« Carola sagte es so, daß keiner mehr eine Widerrede wagte. Aber die Stimmung war nicht mehr so gut wie vorher. Nachmittags am See sprachen sie wieder darüber. Swetlana lag zwischen Inka und Tutty auf der Decke und fragte, worum es in dem Streit ging, der bei dem Vorschlag wegen Potsdam ausgebrochen war. Sie hatte das nicht ganz verstanden.

»Immer Gedenkstätten aufsuchen«, maulte Tutty. »Det kriegt man über! Det Schloß von olle Fritze wäre viel schöner.«

Swetlana war ganz ihrer Meinung. »Wir chaben auch viel chistorische Stätten in Leningrad. Aber Schloß ist freundlicher. Warum nicht Schloß und historisches Denkmal? In Berlin. Treptow Ehrenmal.«

»Mensch, Swetlana! Det is die Idee!« Tutty war Feuer und Flamme. »Det werd' ick Harald sagen! Und Carola platzt vor Wut, det se nich selber drauf kam.«

Aber als sie zugab, warum sie unbedingt zum Ehrenmal der Sowjetsoldaten nach Berlin-Treptow wollte, wurde es Inka doch ein bißchen mulmig zumute: »Det is doch die beste Jelegenheit zum Verduften. Da könn' wir wat auf eigene Faust machen. Ick hab' nämlich schon die Nase voll von dem ewigen Kollektiv hier. Det is ja nich anders als im Heim!«

Swetlana begann zu schwärmen: »Berlin, das wäre dufte!«

Sie hatte das neue Wort von Tutty gelernt und benutzte es nun, sooft sie dachte, daß es paßte. Aber sie hatte eigentlich nicht richtig mitbekommen, worum es bei Tuttys Vorschlag ging. Sie hatte verstanden »verduften« und dachte, Tutty meine ihr Lieblingswort.

Susanne saß ganz still dabei und hörte nur zu. Plötzlich aber sagte sie: »Wir müßten ganz einfach in der S-Bahn verlorengehen.« Es war ganz ungewöhnlich von Susanne, so etwas vorzuschlagen.

Tutty rief übermütig aus: »Haste Töne? Unsere Kleene macht die besten Vorschläge.«

Unterdessen hatte auch Swetlana mitbekommen, worum es ging. »Sowjetisches Ehrenmal«, sagte sie leise und beschämt darüber, daß dies nur der Vorwand für eigene Unternehmungen sein sollte. Trotzdem blitzte es in ihren Augen vor Unternehmungslust.

Natürlich war Tuttys Vorschlag, den sie Harald unterbreitete, der beste, den man sich denken konnte. Dagegen konnte nicht mal Carola etwas einwenden. Sie war tatsächlich neidisch, daß ihr das nicht eingefallen war. Aber sie wollte natürlich mit. Sie stellte eine Gruppe zusammen, sowjetische und deutsche Pioniere, die statt nach Potsdam nun zum Ehrenmal nach Treptow fahren durften. Carola machte auch sofort den Vorschlag, Harald bei der Führung und der Aufsicht der Gruppe zu unterstützen.

»Ich kenne mich in Berlin aus«, sagte sie. »Ich war schon ein paarmal dort.«

Inka, Susanne und Swetlana waren traurig darüber, wie sehr sich ihr schöner Plan durch Carolas Einmischung verändert hatte. Aber Tutty tröstete sie. »Wat könn' wir denn dafür, wenn wir uns verloofen? Wir kennen Berlin ja nich so doll jut wie Carola. Die hat ja allet besser und größer.«

Heimlich wurde nun ein Plan für den Abstecher ausgetüftelt. Das Taschengeld wurde gezählt, und auf dem Stadtplan von Berlin, den sie sich von Harald ausliehen, suchten sie heraus, was sie alles ansehen wollten.

»Den Fernsehturm!«

»Den Palast der Republik!«

»Den Ku'damm«, sagte Inka. Sie hatte ihn mal im Fernsehen gesehen, als sie nachmittags bei einer Klassenkameradin eingeladen war.

Tutty tippte an die Stirn. »Biste verrückt? Der is doch im Westen. Hinter der Mauer.«

»Mauer?« fragte Swetlana.

»Na, hinter der Grenze«, erklärte Susanne. »Im Westteil von Berlin. Da können wir nicht rüber.«

Swetlana konnte sich nichts darunter vorstellen. Die anderen erklärten es ihr, so gut sie konnten. Aber richtig vorstellen konnte sie sich das auch nicht.

»Das ist so, als wenn du in eurem Leningrad nicht in einen anderen Stadtteil kannst, weil da eine hohe Mauer ist«, sagte Susanne.

»Und da wohnen auch – Berliner?« Swetlana begriff das nicht. Die anderen konnten ihr das auch nicht erklären. Das war eben so. Tutty machte sich weiter keine Gedanken darüber. Sie wollte den Abstecher auch dazu benutzen, einen Besuch bei ihren Eltern zu machen.

»Die sind mir sowieso wat schuldig. Weil se ewich keen Zuschuß zum Taschengeld schicken.«

»Und wenn sie nicht zu Hause sind?« Inka hatte Zweifel.

Tutty lachte. »Keene Bange. Mutter geht vor Mittag nich aus'm Haus. Bis elfe schläft die bestimmt.«

Susanne wurde verpflichtet, ihrer Mutter kein Sterbenswörtchen zu erzählen. »Ich schwöre«, sagte Susanne feierlich.

Die anderen glaubten ihr auch, denn Susanne hatte sich vorgenommen, in diesen Ferien ein ganzer Kerl zu werden. Sie hatte es satt, immer von ihrer Mutter behütet zu werden.

»Ich bin doch kein Baby mehr!« sagte sie. Inka konnte das nicht verstehen. Ihr wäre es schon recht gewesen, wenn Maxi sich noch mehr um sie gekümmert hätte.

Das wäre eine Mutter für mich! dachte sie.

Wenn das bloß niemand erfährt!

Oft lag Inka in einem der kleinen Ruderboote, die zum Ferienlager gehörten. Sie hatte das Boot in eine kleine Bucht des Sees gerudert und ins Schilf geschoben. Gleich am zweiten Tag hatte sie dieses Versteck ausfindig gemacht und sich darüber gefreut. Erst kam sie mit den Rudern nicht zurecht, aber ein Junge brachte es ihr bei, und Inka begriff schnell.

Endlich konnte sie allein sein und mal richtig über alles nachdenken. Sie hütete sich auch, irgend jemandem etwas davon zu erzählen, denn hätte beispielsweise Tutty etwas davon mitbekommen, wäre es aus gewesen mit dem stillen Plätzchen.

Inka schob den Bademantel unter den Kopf und schaute in den Himmel. Herrlich war das! Die Wolken schwebten wie zerzupfte Watte am Himmel. Im Schilf raschelte und summte es. Sogar Libellen gab es, die sich auf die Halme setzten. Und auf dem Wasser schwammen gelbe Seerosen.

So zu liegen und in den blauen Himmel zu schauen, das hatte sie sich immer gewünscht. Es war ihr erstes Ferienlager an einem See. Und es war genauso, wie sie es in den Büchern gelesen hatte.

Früher war sie immer im Gebirge gewesen. In solchen Ferienlagern konnte man schlecht allein sein. Es gab meistens gemeinsame Wanderungen, und außerdem waren da immer die Großen gewesen, die auf sie aufpaßten. Jetzt war sie selbst eine von den Großen. Sogar eine Funktion hatte sie bekommen. Sie war mitverantwortlich für die Schwimmwettkämpfe und für die Spiele. Susanne hatte sie sogar gebeten, ihr einige Kniffe beizubringen, wie man besser schwimmen konnte und einem nicht alleweil die Puste ausging.

Trotzdem: Die schönsten Stunden in diesem Ferienlager waren die, in denen sie ganz für sich sein konnte. Immer schon hatte sie davon geträumt, etwas ganz für sich allein zu haben. Ein Zimmer für sich, wo nicht immer jemand störte, wenn sie über etwas nachdenken wollte, wo nicht jeder in ihren Sachen herumstöbern konnte und in dem sie machen durfte, was sie wollte. Auch mal einfach nichts tun.

Aber das war im Heim nicht möglich. Immer waren da die anderen, die laut waren, die einem die Sachen wegnahmen oder die mit einem herumstritten. Deshalb wollte Inka ja auch so gern aus dem Heim heraus und in eine Familie kommen. Sie stellte es sich so schön vor, und manchmal, wenn sie eine Mitschülerin besuchte, die ein eigenes Zimmer hatte, war sie sehr traurig wieder ins Heim zurückgegangen.

Einmal hatte sie an die Wand neben ihrem Bett bunte Bilder mit Reißzwecken angeheftet. Als Frau Sachs das gesehen hatte, mußte Inka alles wieder abmachen, und die schönen Bilder wanderten in den Papierkorb. »Wenn das alle so machen würden«, sagte Frau Sachs, »dann könnten wir alle zwei Jahre neu tapezieren. So was gibt's nicht bei uns.«

Und wenn sie fernsehen durften, dann schwatzten immer alle dazwischen. Man konnte meistens nicht richtig verstehen, was los war. Westfernsehen war schon gar nicht möglich. Wenn die anderen in der Schule am nächsten Tag erzählten, was sie für tolle Filme gesehen hatten, stand sie immer dabei und konnte nicht mitreden. »Ach, ihr dürft ja nicht!« hieß es dann immer.

Freilich, Herr Kallmus durfte davon nichts erfahren. Der sagte immer: »Der Klassenfeind schickt sein Gift über den Fernsehkanal!« Damit meinte er die Filme. Aber Inka hätte ganz gern auch mal so einen Western gesehen, von dem die anderen erzählten.

Einmal mußte Alwin Hammer einen Pulli ausziehen. Den hatte er von seiner Oma geschickt bekommen, die in Bremen wohnte. Es waren Streifen und Sternchen darauf abgebildet, und Alwin war ganz stolz. Aber Herr Kallmus war wütend: »Kommst du schon als Ami in den Unterricht für Staatsbürgerkunde? Ausziehen! Sofort!« Und Alwin Hammer mußte die ganze Stunde im Unterhemd herumsitzen.

Inka hatte das Tagebuch mit ins Boot genommen. Jetzt öffnete sie das Schloß mit dem kleinen Schlüssel. Schnell überblätterte sie die ersten Seiten, damit sie das Versteck nicht sehen mußte. Sie wollte sich nicht die schöne Stimmung verderben mit dem, was in diesem Brief stand. Das alles war bestimmt nicht für sie geschrieben worden, es gab ja viele Mädchen, die Ina hießen. Und ihre Mutter hätte bestimmt Inka geschrieben oder ihr einen Kosenamen gegeben.

»Maxi ist große Klasse«, schrieb sie. »Ich kann Susanne gar nicht verstehen. Manchmal denke ich, sie kann ihre Mutter nicht richtig leiden. Sie hat mir gesagt: Denkst du, Maxi ist immer so? So ist sie nur in den Ferien. Sonst hat sie nie Zeit für mich. Immer nur ihr Betrieb ist wichtig. Dann bin ich abends viel allein, weil mein Vater meistens in Versammlungen ist, wo er sprechen muß. Eine Schwester könnte ich brauchen – so eine wie dich . . .«

Inka legte den Kugelschreiber auf die Bank im Boot und das Tagebuch daneben. Sie mußte nachdenken. Sie konnte es sich nur schwer vorstellen, daß abends jemand nicht zu Hause war, wenn er ein so schönes Zuhause hatte. Susanne war bestimmt zu verwöhnt. Sie durfte alles, sogar ihre Mutter Maxi nennen und ihren Vater Schlumper, weil er überall seine Sachen herumliegen ließ. Dabei war Susannes Vater ein wichtiger Mann. Er war Richter und konnte die Leute, die was Schlimmes getan hatten, einfach ins Gefängnis sperren lassen. Ob er auch solche wie ihre Mutter ins Gefängnis geschickt hatte?

Inka ärgerte sich, daß ihre Gedanken immer wieder zu dem

Brief zurückkehrten. Am liebsten hätte sie das alles vergessen wollen. Aber die Gedanken ließen sich einfach nicht fortschicken.

Der Mann, der ihr Vater gewesen war, hieß Jochen. Und die Frau – ihre Mutter – Katja. Wenn sie wirklich ihre Eltern waren.

Je mehr Inka darüber nachdachte, desto dringender wünschte sie, daß alles eine Verwechslung sei. Vielleicht stand etwas in dem Brief, woraus sie sicher entnehmen konnte, daß nicht sie gemeint war?

Nun holte Inka doch den Brief aus dem Versteck im Tagebuch und las darin. So in Ruhe und bei Tageslicht zu lesen und nicht nachts unter der Bettdecke, immer mit der Angst, gestört zu werden, war anders. Da sahen auch die Dinge anders aus. Als sie las, bekam sie plötzlich so etwas wie Mitgefühl mit der Geschichte der Menschen, über die da geschrieben stand, auch wenn sie nicht wahrhaben wollte, daß das Geschriebene von ihren Eltern erzählte:

»... Es war eine dunkle Nacht, als wir in die Nähe der Grenzsicherungsanlagen kamen. Jochen, dein Vater, hatte diese Nacht gewählt, weil uns da kein Mondlicht verraten konnte. Ich hatte Angst, ganz schreckliche Angst. Mir schlugen die Zähne gegeneinander, und die Beine wollten mich nicht mehr tragen.

›Komm, wir müssen weiter, Katja‹, sagte dein Vater. Er nahm mich einen Augenblick in die Arme und gab mir einen Kuß. Als ob ich ahnte, daß es der letzte sein würde, klammerte ich mich an ihn und flehte ihn an, umzukehren. ›Dafür ist es jetzt zu spät, Katja‹, sagte er, und wir gingen weiter. Ich hatte nur einen Campingrucksack auf dem Rücken, damit ich besser laufen konnte, falls wir entdeckt würden. Dein Vater trug alle wichtigen Papiere in seinem Gepäck, das viel schwerer war, weil er noch die Werkzeuge mitschleppen mußte, damit er den Stacheldraht durchtrennen konnte.

Das Unterholz, durch das wir bis zur ausgeholzten Schneise laufen mußten, verfing sich an meinen Hosenbeinen und riß mir die Waden blutig. Als wir einmal stehenblieben, um unseren keuchenden Atem zu beruhigen, sagte ich: ›Und wenn doch Minen liegen oder Selbstschußanlagen?‹ – ›Bei den Tschechen doch nicht!‹ sagte dein Vater. ›Das ist nur in der DDR so.‹ Dann tappten wir weiter. Plötzlich lichtete sich das Unterholz, und wir sahen vor uns den Stacheldraht. Dahinter war ein breiter Streifen gepflügten Bodens. Eine Furche wie die andere. Dein Vater hielt mich mit einer Handbewegung zurück. Sprechen durften wir nicht mehr. Jeder Laut mußte vermieden werden. Er zeigte mit der Hand nach drüben, und ich wußte, was er meinte: So nah ist die Freiheit. Dann kroch er mit dem Werkzeug zum Stacheldraht. Ich blieb im schützenden Unterholz mit den Rucksäcken zurück. Mein Herz schlug so laut, daß ich meinte, es müsse zu hören sein. Und doch zuckte ich zusammen, als ich den sirrenden Klang hörte, mit dem der Stacheldraht unter der Drahtschere zersprang. Am liebsten hätte ich mir die Ohren zugehalten – noch einmal – noch einmal!

Und dann geschah das Entsetzliche, das ich nie im Leben vergessen werde: Grelles Licht aus Taschenlampen traf genau die Stelle, an der dein Vater lag. Er sprang auf und wollte fliehen, verfing sich aber im Stacheldraht. Gleichzeitig riefen die tschechischen Grenzer etwas, was ich nicht verstand.

Dein Vater riß am Stacheldraht – und da kamen auch schon die Schüsse aus der Maschinenpistole. Er fiel auf den Stacheldraht und blieb darin hängen.

Ohne zu überlegen, rannte ich hin, um ihm zu helfen. Als ich mich über ihn beugte, rissen mich die Grenzer zurück.

Dann war die Hölle los. Ich weiß gar nicht, woher die Grenzer so schnell kamen – sie und die Hunde, die immerfort bellten. So viele Menschen waren es, aber keiner half deinem Vater, der im Stacheldraht hing und vor Schmerzen schrie. Sie redeten auf mich ein und fragten mich etwas, was ich nicht verstand. Aber ich bettelte nur immer: ›Helfen Sie doch! Er verblutet.‹ Dann wurde es plötzlich still. Dein Vater war ohne Besinnung. Einer der Grenzer sagte: ›Los jetzt!‹ Dann schob er mich in der Dunkelheit voran.

Ich riß und zerrte und wollte wieder zurück, aber ich wurde festgehalten und fortgestoßen. So lange ich etwas sehen konnte, drehte ich mich um. Aber ich sah keinen, der deinem Vater half.

Ich wurde wegen Republikflucht angeklagt und vor Gericht gestellt. Erst während der Gerichtsverhandlung erfuhr ich, daß dein Vater noch an der tschechischen Grenze umkam. Ich denke, er würde noch leben, wenn sie ihn nicht hätten verbluten lassen . . .«

Inka sah das alles so deutlich vor sich, während sie im hellen Sonnenschein im Boot saß, als wäre sie dabeigewesen. Die Tränen liefen ihr die Wangen herunter, und sie dachte: Warum half ihm denn keiner? Warum ließen sie ihn denn im Stacheldraht verbluten?

Und dann: Warum wollten sie denn fort? Und dann auch noch zum Klassenfeind? Was bedeutet denn das Wort »Freiheit«?

Sie hatte den Brief nun schon mehrere Male gelesen. Und immer wieder war ihr dieses Wort begegnet. Maxi hatte ihr das ganz anders erklärt, da war es etwas Freundliches und Schönes. Aber hier? Da stand vor dem Wort ein Stacheldraht, an dem Menschen verbluteten.

Und plötzlich haßte Inka das Wort »Freiheit«. Es hatte ihr die Eltern genommen, und sie hatte jetzt Ärger damit, weil sie so eine war, deren Eltern die Republik verraten hatten. Wenn sie schon so etwas getan hatten, warum ließ die Mutter sie jetzt nicht in Ruhe? Konnte sie nicht einfach in ihrem Westen bleiben, wo die Freiheit war, die sie wollte, und sich einfach nicht mehr rühren?

Wenn das bloß niemand erfuhr!

Carola zum Beispiel oder – Maxi! Nein, niemals durfte Maxi das erfahren. Dann würde sie bestimmt nicht erlauben, daß Inka im Ferienlager eine Funktion hatte. Und die Schwimmwettkämpfe würde dann jemand anderes vorbereiten.

Inka nahm ihren Kugelschreiber und schrieb unter das, was sie zuletzt ins Tagebuch eingetragen hatte: »Susanne kann froh sein, daß ihr Vater abends in die Versammlungen rennt und nicht über die Grenze in die Freiheit will. Mir wäre ein Vater mit Versammlungen schon recht, weil er kein Republikverräter ist und sie mich dann auf der Sportschule nehmen müßten. Susannes Vater hat sogar den Vaterländischen Verdienstorden in Silber gekriegt, weil er ein guter Richter ist. Der läßt nicht zu, daß die Feinde unserer Republik Schaden antun. Das ist ein Vater!« Dann verschloß sie sorgfältig das Tagebuch und schob es unter ihren Bademantel.

Familie Kirsten

Ihre Armbanduhr, die sie jetzt immer trug, wenn sie nicht ins Wasser ging, zeigte Inka, daß es Zeit war, wieder ins Ferienlager zurückzukehren. Heute sollte ein Schriftsteller kommen und aus seinem Buch vorlesen. Inka war nicht sonderlich begeistert davon. Sie dachte: Da kommt einer, und wir müssen zwei Stunden im Klubraum herumsitzen. Bei dem schönen Wetter.

Außerdem hatte Harald gesagt, sie sollten unbedingt die Pionierhalstücher umbinden. Und Blumen hatten sie besorgt und Kekse. Eine ganze Menge Kekse für alle, die an der Dichterlesung teilnahmen.

Als sie das Boot wieder am Bootssteg festgehakt hatte und zum Lager zurücklief, kam ihr Maxi mit einem fremden Mann entgegen. Ob das Susannes Vater war, der immer in den Versammlungen sprechen mußte?

Inka grüßte, wie es sich gehörte, und wollte schnell vorbeigehen. Aber Maxi hielt sie zurück.

»Das ist Inka«, sagte sie zu dem Mann. Inka wurde verlegen, und vor Schreck glitt ihr das Tagebuch aus dem Bademantel. Der Mann bückte sich und hob es auf.

»Schau mal an, eine kleine Kollegin«, sagte er. Er hielt ihr das Tagebuch wieder hin. »Ich bin Frank Birkholz. Guten Tag, Inka.«

Schnell ließ Inka das Tagebuch wieder unter dem Bademantel verschwinden. Das also war der Schriftsteller. Sah gar nicht so aus, als ob er Bücher schreiben würde. Stand einfach in Hemdsärmeln da und gab ihr die Hand.

»Du schreibst Tagebuch?« fragte er. Inka nickte, und die Verlegenheit trieb ihr die Röte ins Gesicht.

»Schreibst du auch etwas anderes? Geschichten oder Gedichte?«

»Nein, nur Tagebuch!« Der Schrecken war Inka richtig in die Glieder gefahren. Hoffentlich wollte er nicht, daß sie ihm zeigte, was sie geschrieben hatte. Dann käme ja alles raus! Nur das nicht.

Am liebsten hätte sie zu Angelikas liebem Gott gebetet, daß der Schriftsteller nicht auf einen solchen Gedanken kam. Doch er sagte nur: »Tagebuchschreiben ist manchmal der Anfang. Schreib nur weiter deine Gedanken auf, Inka. Hast du das von deinen Eltern? Schreiben sie etwa auch?«

Er lächelte freundlich.

»Nein«, sagte Inka böse. »Nein. Ich habe keine.«

Der Schriftsteller schaute hilflos auf Maxi, die Inka rasch streichelte und sagte: »Na, lauf schon. Ich erkläre das alles.« Dann ging sie mit dem Schriftsteller zum See hinunter.

Inka fiel ein Stein vom Herzen. Sie preßte den Bademantel und das Tagebuch an sich und flüchtete in ihr Zimmer, um es schleunigst wieder unter der Matratze zu verstecken.

Nie wieder, schwor sie sich, nie wieder nehme ich das Tagebuch mit hinaus.

Zur Dichterlesung waren dann auch die sowjetischen Pioniere da. Sie hatten sogar ihre weißen Blusen angezogen und sahen richtig feierlich aus. Swetlana war ganz aufgeregt und lernte einen Text auswendig, den Harald ihr auf einen Zettel geschrieben hatte. Sie war dazu ausgewählt worden, den Schriftsteller zu begrüßen und ihm ihr rotes Pionierhalstuch zur Begrüßung um den Hals zu binden. Wo sie das herhatte, wußte Inka nicht, denn als sie ankamen, hatten alle sowjetischen Pioniere ihre Halstücher gegen die blauen eingetauscht, die sie von den Pionieren aus der DDR bekamen. Inka hatte nun ein rotes, ihr blaues trug ein sowjetischer Pionier, der Boris hieß.

Der Schriftsteller mußte nun die ganze Zeit über das Pionierhalstuch um den Hals tragen. Er konnte es nicht mal abnehmen, als er seine Geschichte vorlas. Hoffentlich hat Swetlana den Knoten locker gebunden, dachte Inka. Der Schriftsteller kriegte womöglich zu wenig Luft bei der Hitze.

Die Geschichte, die er vorlas, erzählte von der Freundschaft zwischen sowjetischen und deutschen Pionieren. Als er zu Ende gelesen hatte, sagte der Schriftsteller: »Setzen wir uns doch draußen unter die Bäume, dort kann man viel besser über die Geschichte sprechen. Bei dem schönen Wetter!«

Bald saßen sie auch im Halbkreis um den Mann herum, der so spannende Geschichten für sie schrieb.

»Ihr dürft Herrn Birkholz fragen, was ihr wissen möchtet«, forderte Harald sie auf, und Carola meldete sich als erste. Sie hatte ja auch die Zettel verteilt, auf denen die Fragen standen, die sie dem Schriftsteller stellen sollten. Die Fragen hatten sie vorher in einer Sitzung der Lagerleitung ausgearbeitet. Inka hatte keinen Zettel abbekommen. Aber sie hatte trotzdem eine Frage. Ob sie einfach fragen durfte, wußte sie nicht. Deshalb wartete sie erstmal ab, bis die anderen ihre Fragen gestellt hatten.

»Woher nehmen Sie die Ideen für Ihre Werke?«

»Wie viele Bücher haben Sie geschrieben?«

»Welches ist Ihr Lieblingsbuch?«

»Haben Sie auch Kinder, und sind die so wie die im Buch?«

»Waren Sie ein guter Schüler, und welche Zensur hatten Sie in Deutsch?«

Frank Birkholz beantwortete freundlich alle Fragen. Inka dachte: Der wird froh sein, wenn die Fragerei endlich aufhört. Einer der Jungen fragte plötzlich, und Carola zuckte sichtlich zusammen, als sie die Frage hörte: »Müssen Sie immer solche Sachen schreiben, wo die Pioniere gute Taten vollbringen?«

»Hat's dir nicht gefallen?«

»Doch – doch schon, es war spannend, aber Geschichten aus fremden Ländern gefallen mir auch gut.«

Bevor der Schriftsteller etwas dazu sagen konnte, antwortete Harald: »Bücher sollen euch zu guten Pionieren erziehen . . .«

»Aber ich denke, Lesen soll auch Spaß machen?« platzte Inka heraus, ohne daß sie sich gemeldet hatte. Alle Augen richteten sich auf sie.

»Na ja – ich dachte halt . . .«

Der Schriftsteller war froh, daß jemand etwas gefragt hatte, was nicht auf einen Zettel geschrieben worden war. Er sagte: »Jawohl, Bücher sollen Spaß machen. Und das schreiben wir auch am liebsten. Inka hat ganz recht mit ihrer Frage. Schreib das ruhig auch in dein Tagebuch hinein, Inka.«

Wieder das Tagebuch! Inka kroch in sich zusammen und wünschte, sie könnte ganz klein werden. Wenn die anderen merkten, daß sie ein Tagebuch dabei hatte – na Prost Mahlzeit!

Sie malte sich das alles so schrecklich aus, daß sie gar nicht mehr hinhörte, was noch alles gesprochen wurde. Sie war froh, als das Auto den Schriftsteller endlich aus dem Lager davonfuhr. Konnte der das nicht für sich behalten?

Natürlich war Carola die erste, die darauf zu sprechen kam.

»Das ist prima, daß du Tagebuch schreibst«, sagte sie. »Da kannst du gleich die Verpflichtung übernehmen, das Ferienlagertagebuch zu schreiben. Das haben wir ja unserer Patenbrigade versprochen. Sie brauchen das als Punkt für ihren sozialistischen Wettbewerb. Zeig mal her, was du schon hast.«

»Bist du verrückt!« fauchte Inka zurück. »Das ist was ganz für mich allein!«

»Im Kollektiv gibt's nichts für dich allein. Und hier sind wir ein Kollektiv, genauso wie in der Schule. Also zeig schon her, was du geschrieben hast.«

»Nein!« Inka drehte sich auf dem Absatz um und lief davon. Sie war wütend, und sie hatte Angst. Wie sollte sie da rauskommen? Wer konnte ihr helfen?

Maxi! Ja, die würde bestimmt einen Rat wissen.

Sie fand Maxi am See, wo sie bis zu den Knien im Wasser stand und auf Susanne achtete, die zum ersten Mal allein etwas weiter hinausschwamm.

Inka stellte sich daneben. Sie war richtig stolz darauf, daß

Maxi nur mit ihr allein jeden Morgen in den See hinausschwamm. Mit Susanne konnte sie das nicht. In dieser halben
Stunde hatte Inka Maxi ganz allein für sich.

»Susanne schwimmt viel zu hastig«, begutachtete sie Susannes Bemühungen. »Da geht ihr bald die Puste aus. Sie muß
erst mal an Land Atemübungen lernen.«

Maxi gab ihr recht. »Aber sie muß halt auch die Angst vor
dem See überwinden. Sie denkt immer, daß da unter ihr glit-
schige Fische und Krebse sind, die sie ins Bein beißen.«

Sie lachten, obwohl Inka das Gefühl hatte, daß es Maxi gar
nicht zum Lachen zumute war. Deshalb dachte sie auch, daß
jetzt der beste Augenblick war, mit ihr über das Tagebuch zu
sprechen, weil es sie von Susanne ablenkte.

»Carola will, daß ich das Lagertagebuch schreibe«, begann
sie vorsichtig. »Muß ich das?«

»Komm jetzt zurück!« schrie Maxi und winkte Susanne, die
auch sofort umkehrte und zum Ufer zurückschwamm.

Maxi ging aus dem Wasser und setzte sich neben Inka, die
schon auf der Wiese unter ihrem Lieblingsbaum saß. Inka
wußte, daß Maxi ihr eine Antwort geben würde. Deshalb
hatte sie es nicht so eilig, sondern wartete ab.

»Wenn du Freude daran hast, dann tu es. Oder macht es dir
keinen Spaß, weil Carola dich darum bat?«

»Sie hat mich nicht darum gebeten«, schimpfte Inka los. »Sie
hat es befohlen, wie immer. Und hat sie ein Recht, mein
Tagebuch zu lesen, weil wir ein Kollektiv sind?«

»Nein«, sagte Maxi sehr bestimmt. »Das hat sie nicht. Wollte
sie das denn?«

»Ja. Sie sagte, daß wir das gleich verwenden können. Aber
das, was ich da reingeschrieben habe, geht nur mich was an.«

»Dann soll es auch dein Tagebuch sein und nicht das für alle.
Schreib was anderes für das Ferienlagertagebuch – wenn du
möchtest.«

Inka fiel ein Stein vom Herzen. Mit Maxi zusammen war alles halb so gefährlich.

»Bist echt spitze, Maxi!« sagte sie und drückte Maxi schnell einen Kuß auf die Wange, bevor sie davonlief. Im Klubraum setzte sie sich an einen leeren Tisch und schrieb erst mal eine Ansichtskarte an Frau Nogler: »Liebe Frau Nogler! Hier ist es prima. Ich kann jeden Tag schwimmen. Maxi ist große Klasse. Das ist Susannes Mutter. Viele Grüße sendet Ina Karsten.«

Am folgenden Tag lernte sie Susannes Vater kennen. Er holte Maxi ab, um sie mit nach Berlin zu nehmen. Nur für ein paar Tage, sagte Susanne, als Inka traurig wurde.

Als Susanne sie ihrem Vater als die beste Freundin vorstellte, wurde Inka richtig verlegen. Ein Glück, daß Tutty nicht in der Nähe war, die wäre wieder den ganzen Tag sauer gewesen.

Herr Kirsten war mit dem »Wartburg« gekommen, nicht mit dem Dienstauto. Inka durfte mit Susanne hinten einsteigen und eine kleine Rundfahrt machen. Sie fuhren die lange Straße nach Potsdam hinein, durften dort ein großes Eis essen und kehrten dann wieder um. Inka fühlte sich wie im siebenten Himmel, sie konnte gar nicht verstehen, daß Susanne sich nichts daraus machte und nur ihretwegen den Vater um die Fahrt gebeten hatte. Schade war nur, daß Herr Kirsten Maxi für drei Tage mit nach Berlin nahm.

Geheimnisvoll flüsterte Susanne: »Wir ziehen nämlich im September nach Berlin. Der Schlumper ist ans Oberste Gericht versetzt worden. Und nun schauen sie sich die Wohnung an.«

Inka zog ein Gesicht, als wollte sie gleich losheulen. »Da gehst du ja weg von Leipzig – und die Maxi auch.«

»Ja«, sagte Susanne und machte nun auch ein langes Gesicht.

»Aber wenn Ferien sind, da kannst du uns ja immer besuchen. Willst du?«

Inka glaubte ihr, daß sie das gern wollte. Sie sagte deshalb auch ja, obwohl sie daran zweifelte, daß es möglich sein würde. Nach Berlin war das Fahrgeld sicherlich sehr teuer.

»Gibt es da auch ein Hallenschwimmbad?« fragte sie.

»Na klar!« Susanne war schon wieder sehr vergnügt. »Und die olle Carola bin ich dann auch endlich los. Die sagt immer, ich drücke den Klassendurchschnitt runter, weil ich im Sport so schlecht bin. Aber der werde ich es beweisen, noch in diesen Ferien!«

»Mir sagt sie dasselbe wegen Mathe.« Inka lachte nun auch. Trotzdem dachte sie seufzend daran, daß sie nach den Ferien wieder Mathe üben mußte. Sie hatte es Frau Nogler fest versprochen.

Eine Lebensrettung und ein Mißverständnis

Anstelle von Maxi beaufsichtigte nun Harald die Spiele am See und im Wasser. Das machte nur halb soviel Spaß, und Inka durfte auch nicht soviel selbständig tun, wie sie das bei Maxi konnte. Aber das Wetter hatte umgeschlagen, und viele zeigten gar keine Lust, ins Wasser zu gehen. Inka blieb eisern und schwamm ihr Trainingspensum, wenn sie auch in der Nähe des Ufers bleiben mußte. Das machte ihr nicht viel aus. Hauptsache: im Training bleiben.

»Wenn du mal in Mathe so eisern wärst«, stichelte Carola.

Inka hörte den Neid heraus. Carola wäre auch gern im Sport so gut gewesen wie sie. Da war aber nichts zu machen. Inka hielt sich an der Spitze.

Um Carola nicht noch wütender zu machen, hatte Inka es

doch übernommen, die Berichte zu schreiben, die sie an die Patenbrigade für das Brigade-Tagebuch nach Leipzig schikken wollten. Außerdem mußte sie einen Artikel für die Lager-Wandzeitung schreiben. Der machte ihr mehr Kopfzerbrechen. »Junge Pioniere kämpfen für den Frieden«, lautete das Thema. Was sollte man darüber schreiben? Inka saß im Klubraum und kaute am Bleistift herum.

Lärm von draußen ließ sie aufmerksam werden. Sie war froh über die Unterbrechung und ließ alles liegen. Der Lärm kam vom See her. Dort standen Jungen und Mädchen um Carola herum und schrien: »Tempo, Tempo, Tempo!«

Mit großen Sätzen lief Inka zum Seeufer. Machen die Wettschwimmen? Ohne mich?

Wo war Harald? Wenn der nicht dabei war, durften sie doch gar nicht baden. Das hatte er doch extra angeordnet.

Weit draußen sah sie einen Kopf im Wasser, und einer der Jungen aus der anderen Gruppe hielt seine Armbanduhr mit dem Sekundenzeiger in der Hand und schrie mit den anderen laut um die Wette.

»Seid ihr verrückt!« rief Inka, »das dürft ihr doch nicht.« Sie erkannte sofort, daß hier etwas im Gange war, was böse ausgehen konnte. Aber die anderen hörten nicht.

»Hurraaa!!« schrien sie, als die Schwimmerin an der Boje angelangt war. »Sie hat's geschafft! Genau in der Zeit liegt sie.« Inka blieb fast das Herz stehen, als sie erkannte, wer die Schwimmerin war, die sich jetzt an der Boje festhielt und dem Ufer das Gesicht zukehrte. Sie erkannte Susanne an der gelben Badekappe.

»Wer hat das angestiftet?« schrie sie. »Wer?«

Doch keiner hörte auf sie. Sie liefen durcheinander und hatten nun den Spaß an der Sache verloren, weil der Wettkampf zu Ende war. Inka packte Carola an der Schulter und hielt sie fest. »Hast du das angestiftet?«

»Blöde Kuh«, sagte Carola. »Spiel dich nicht so auf. Deine Maxi ist nicht da, da hast du gar nichts zu sagen. Schließlich bin ich dafür verantwortlich, daß unser Kollektiv einen guten Platz im Schuldurchschnitt hat. Sei froh, daß die Suse mal zeigen darf, was sie kann. Die braucht nicht immer am Rockzipfel ihrer Mutter rumzuhängen . . .«

»Du hast das gemacht – du – du Funktionär!« Inka schrie sie so erbost an, daß Carola sie von sich stieß und einfach wegging.

Besorgt schaute Inka über das Wasser zur Boje hin, um zu sehen, wie weit Susanne auf dem Rückweg gekommen war. Eben löste sie die Hände von der Boje. Die anderen spielten längst wieder auf der Wiese und achteten nicht mehr auf Susanne. Inka zog den Pulli über den Kopf und warf ihn einfach ins Gras. Dann zog sie die Sandalen aus und auch die kurzen Sporthöschen. Den Badeanzug hatte sie immer unter der Kleidung, auch wenn sie nicht ins Wasser ging. Die Armbanduhr legte sie neben ihre Sachen.

Sie wollte Susanne entgegenschwimmen, auch wenn sie damit ebenfalls das Verbot mißachtete, ohne Aufsicht ins Wasser zu gehen.

Aber noch bevor sie das Wasser erreicht hatte, hörte sie Susannes Hilferuf. So leise klang er über das Wasser herüber, daß keiner der anderen, die in ihr Spiel vertieft waren, ihn gehört hätte.

Mit Riesensätzen lief Inka ins Wasser und schwamm Susanne entgegen. Hoffentlich hält sie durch, dachte sie. Der See hat hier Strömung. Das Boot müßte man haben – wenn ich doch schneller wäre – Susanne – ich komme doch schon – halte nur noch ein bißchen durch . . .

Vor sich sah sie Susannes gelbe Badekappe im Wasser, hörte die Hilferufe, und immer wieder sah sie auch den Kopf untertauchen. Wie weit das war!

»Hilfe! Hilfe!«

»Ich komme, Susanne! Halt durch! Ich komme ja schon!«

Mit letzter Kraft schaffte Inka das Stück und konnte Susanne gerade noch an den Trägern ihres Badeanzuges festhalten, bevor sie erneut untertauchte.

Susanne krampfte ihre Hände um Inkas Arme und zog sie mit nach unten. Inka schluckte Wasser und bekam keine Luft mehr. Sie fühlte sich wie in einem Strudel und schob mit letzter Kraft die Freundin von sich weg, damit sie selbst wieder auftauchen und Luft holen konnte. Dann tauchte sie wieder, um nach Susanne zu suchen. Dort – nein – dort!

Endlich bekam sie Susanne wieder zu fassen. Susanne trieb regungslos im Wasser, das Gesicht nach unten.

Sie hat die Besinnung verloren, dachte Inka erschrocken. Wie kriege ich sie jetzt bis zum Ufer?

Mechanisch tat sie das, was man ihr im Training über das Rettungsschwimmen beigebracht hatte. Geübt hatte sie das noch nie einem See, nur in der Schwimmhalle. Sie hielt Susannes Kopf über Wasser und zog sie, so gut es ging, in Richtung Ufer. Ihre Arme und Beine waren wie Blei.

Sieht uns denn keiner? dachte Inka verzweifelt. Lange halte ich das nicht mehr aus! Ihre Kehle war wie zugeschnürt. Sie bekam kaum noch Luft. Ob Susanne noch lebte?

Sie hatte entsetzliche Angst.

Immer schwerer zog es ihr die Beine nach unten, sie kam kaum voran, und das Ufer schien nicht um einen Meter näherzurücken.

»Hilfe!« schrie sie mit letzter Kraft. Und noch einmal: »Hilfe!«

Da! Endlich kam Bewegung in die Kinder, die am Ufer spielten. Sie sah, daß einige zum See hinausdeuteten.

»Hilfe!« schrie sie noch einmal und war nur noch fähig, auf der Stelle zu treten und Susannes Kopf über Wasser zu halten. Wie lange es dauerte, bis Harald mit dem Boot heran war, konnte sie nicht mehr sagen. Alles verschwamm ihr vor den Augen. Sie war nicht imstande, dem Boot entgegenzuschwimmen. Harald und eine der Betreuerinnen zogen erst Susanne ins Boot, dann Inka. Noch während Harald ans Ufer ruderte, machte die Betreuerin mit Susanne Wiederbelebungsversuche.

Inka saß wie betäubt und hörte gar nicht, was Harald sagte. »Das wird dich teuer zu stehen kommen!« verstand sie endlich. »Zurückschicken werde ich dich! Zurück ins Heim! So eine Disziplinlosigkeit!«

Inka hatte nicht die Kraft, ihm zu sagen, daß sie gar nicht schuld sei. Ein Weinkrampf schüttelte sie so, daß sie nicht sprechen konnte. Wenn nur Susanne am Leben blieb! Was sollte sie sonst Maxi sagen? Maxi...

Als das Boot anlegte, griffen viele Hände zu, Susanne aus dem Boot zu heben. Irgendwer sagte: »Wir haben schon die Ambulanz angerufen.«

Susanne wurde auf die Wiese gelegt, und Harald setzte sofort wieder mit den Wiederbelebungsversuchen ein.

Um Inka kümmerte sich niemand. Sie saß noch im Boot, und die Tränen liefen ihr über die Wangen. Wenn nur Susanne nicht tot war!

Die herumstehenden Kinder wurden zur Seite gescheucht, nur die Betreuerinnen und die von der Lagerleitung standen um Harald herum, der sich jetzt aufrichtete. »Na, endlich!«

Er nahm Susanne auf die Arme und trug sie fort in die Hauptbaracke, wo auch das Sanitätszimmer war. Nach einer Weile gellte das Martinshorn, und Inka sah den weißen Wagen mit dem roten Kreuz vorfahren. Eine Tragbahre wurde herausgeschoben und ins Haus gebracht. Wenig später trugen die zwei Männer Susanne ins Auto und fuhren mit ihr davon. Wieder gellte das Martinshorn durch die Stille.

Dann war alles vorbei. Susanne lebte! Sie wurde wahrscheinlich ins Krankenhaus gebracht. Maxi mußte nicht weinen.

Inka kletterte mit steifen Beinen aus dem Boot. Keiner hatte sich mehr um sie gekümmert. Sie streifte den Pulli über den nassen Badeanzug und zog die Sandalen wieder an. Auch die Uhr befestigte sie wieder am Handgelenk. Die kurzen Sporthosen behielt sie in der Hand, weil der Badeanzug noch zu feucht war. Sie fror, obwohl die Sonne wieder schien.

»Du sollst sofort zu Harald kommen!« Ein Mädchen kam ihr entgegen und brachte ihr die Nachricht. »Mann – hat die ein Glück gehabt! Die könnte abgesoffen sein, die Susanne.«

Inka schleppte sich zur Hauptbaracke. Sie war entsetzlich müde. Der Lagerleiter saß an seinem Schreibtisch und telefonierte. Inka hörte, daß er mit Susannes Vater sprach.

»Ja, Genosse Kirsten, in Potsdam. Ja, Genosse Kirsten, Sie können gleich hinfahren. Ja, Genosse Kirsten, ich werde das veranlassen. Bis morgen.«

Dann schrieb er etwas auf einen Zettel, ohne sich um Inka zu kümmern, die frierend an der Tür stand. Endlich schaute er auf. »Weißt du überhaupt, was du angestellt hast? Das wird ein Nachspiel haben, das wirst du nicht so leicht vergessen. So eine Disziplinlosigkeit – und so was will Spitzensportlerin werden. Spitzensportlerin! Das ist aus! Ein für allemal, das kannst du dir hinter die Ohren schreiben. Pack deine Sachen. Du fährst mit Frau Sachs nach Leipzig zurück. Gleich morgen früh. Jetzt geh auf dein Zimmer. Abendbrot fällt heute aus.«

»Aber . . .« Inka erwachte aus ihrer Erstarrung und versuchte, den Irrtum richtigzustellen. »Ich bin doch gar nicht dran schuld . . .« stammelte sie.

Harald ließ sie gar nicht erst ausreden. »War ja nicht anders zu erwarten!« höhnte er. »Willst du vielleicht noch behaupten, Susanne hat dich dazu überredet? Was? Ich dachte, ihr bekommt im Heim was von Moral beigebracht. Bei dir scheint's ja noch nicht gewirkt zu haben. Lügen! Das ist wohl das einzige, was du kannst, was?«

Inka stand da und konnte kein Wort mehr herausbringen. So also dachte man über sie. Weil sie aus dem Heim kam. Und nicht mal verteidigen durfte sie sich.

Nein! Sie wollte sich auch nicht mehr verteidigen. Nicht mehr vor diesem Harald, der sie ja gar nicht anhören wollte.

In ihr krampfte sich alles zusammen. Sie fror entsetzlich. Nur hinaus aus diesem Zimmer, weg von diesem Gesicht.

Es schüttelte sie richtig, als sie aus dem Zimmer hinauslief. Sie rannte zum See hinunter, löste das Boot wieder vom Haken und ruderte in ihr Versteck im Schilf. Keiner beachtete sie. Sie saßen jetzt gerade beim Nachmittagskaffee.

Verbittert über das alles, vor allem aber über Carola, brütete Inka die tollsten Gedanken aus. Und dann schlief sie vor Übermüdung ein.

Sie erwachte erst, als dicke Tropfen auf sie fielen und schwarze Wolken über ihr standen.

Ein Gewitter!

Inka duckte sich im Boot zusammen, wieder schüttelte sie die Kälte, und sie hatte auch Angst.

Angst davor, daß man sie nun suchen und wieder bestrafen könnte, weil sie eigenmächtig das Boot genommen hatte und ins Schilf gefahren war, statt auf das Zimmer zu gehen.

Was sollte sie Frau Nogler sagen, wenn sie morgen zurückgebracht wurde?

Maxi müßte da sein, ihr konnte sie alles erzählen. Warum gab man Inka die Schuld an allem?

Was hätte sie tun sollen? Gleich das Boot holen oder erst Harald? Dann wäre es bestimmt zu spät gewesen, Susanne zu retten.

Ja, sie hätte dabei sein müssen, als Carola das anzettelte. Sie war ja verantwortlich, an Maxis Stelle. Aber sie hatte im Klubraum gesessen und an dem Artikel für die Wandzeitung geschrieben. Weil Carola es von ihr verlangt hatte. Darüber hatte sie alles, was draußen geschah, nicht bemerkt.

Aber Inka hatte einfach nicht mehr den Mut gehabt, mit Carola zu streiten. Wenn die wütend auf sie wurde, konnte es passieren, daß sie ihr die Sportschule total vermasselte. Denn Carola als Gruppenratsvorsitzende mußte dazu bestimmt auch eine Beurteilung abgeben, genauso wie Herr Kallmus.

Trotzdem: Sie hätte sich gegen Carola wehren müssen. Dann wäre sie dabeigewesen und hätte verhindern können, daß Susanne angestiftet wurde, ihren Mut zu beweisen.

Ich bin schuld daran, dachte sie. Und jetzt werde ich dafür bestraft.

Als das Gewitter nachließ, ruderte sie das Boot wieder zum Landungssteg des Lagers zurück. Dort kamen ihr schon die anderen entgegen.

»Inka! Wo warste denn?« Tutty kam mit dem Bademantel angelaufen und legte ihn um die pitschnasse Inka. »Kriegst gleich heißen Tee – warum läufste denn fort?«

An der Tür stand Harald. Das Blauhemd hing ihm unordentlich aus dem Hosenbund. Er sah richtig erleichtert aus, als er Inka erblickte.

»Entschuldigung«, sagte er. »War ein Irrtum. Ich hatte gedacht, daß du . . .«

Inka ging an ihm vorbei und nahm die Hand nicht, die er ihr entgegenstreckte.

»Der Harald hat doch glatt gedacht, du hättest se dazu angestiftet. So'n Doofer. Det Jesicht hättste sehn sollen, als der erfuhr, daß du Susanne aus'm See jefischt hast. Der hat jekiekt, als ob ihn een Affe jebissen hätte!«

Während sie schwatzte, zog sie Inka die nassen Sachen vom

Leib und rubbelte sie mit dem Handtuch trocken. Dann bestimmte sie, daß Inka den Schlafanzug anziehen und sich ins Bett legen müsse.

»Ist doch heller Tag«, wehrte sich Inka schwach, kletterte aber dann doch ins Bett, weil sie froh war, sich endlich verkriechen zu können. Frau Sachs brachte ihr heißen Tee.

»Schlaf jetzt«, sagte sie freundlicher als sonst. »War ein bißchen viel für dich.«

Als Inka im Bett warm wurde, begann sich alles um sie zu drehen. Es war richtig schön, und sie tat gar nichts dagegen, daß alles zu schaukeln begann ...

Sie schwang sich in die Luft, und ihre Füße berührten die weißen Kerzen der Kastanie, und wenn es wieder nach unten ging, stand Maxi da und gab ihr einen kleinen Schubs, damit es wieder nach oben ging. Immer auf und ab. Dann stand plötzlich neben Maxi die Frau vom Foto, die Frau, die kein langes dunkles Haar mehr hatte. Und immer, wenn die Frau Inka fangen wollte, griff sie daneben. Inka sah, daß die Frau weinte. Das tat ihr leid. Deshalb sprang sie ihr einfach in die Arme, als es wieder von den Kastanienkerzen nach unten ging. Maxi lachte dazu und auch Inka lachte. Und in den Armen der Frau war es wunderschön weich und warm.

»Das ist ungerecht!«

Als Inka am nächsten Morgen aufwachte, hatte sie Halsschmerzen. Aber sie sagte niemandem etwas davon, sondern begann damit, ihre Sachen in den Koffer zu packen.

»Wat soll'n det?« fragte Tutty erstaunt.

»Ich muß zurückfahren. Harald hat es gesagt.« Inka war wortkarg wie noch nie.

»Und warum?«

Auch Angelika und Brit standen fassungslos da und starrten in den geöffneten Koffer.

»Warum denn?« fragte auch Bienchen.

»Wegen gestern«, sagte Inka und stopfte den Bademantel in den Koffer hinein. Tutty rannte aus dem Zimmer. Die Tür krachte so hinter ihr zu, daß alle zusammenschraken. Wenig später stand Harald im Zimmer.

»Du kannst die Sachen wieder auspacken, Inka. Das war ein Mißverständnis. Du warst ja nicht daran schuld.«

Dann gab er noch bekannt, daß am Vormittag alle Gruppen zu einer Versammlung in den Klubraum kommen sollten.

Unschlüssig kniete Inka vor dem vollgestopften Koffer. Sie räumte erst alles in den Schrank zurück, als Tutty ihr den Koffer wegzog und auf ihr Bett legte.

Irgend etwas war anders geworden, das fühlte sie auch, als sie mit den anderen Punkt zehn Uhr in den Klubraum ging.

Die starren mich alle an, als hätte ich wunder was gemacht, dachte Inka.

Harald saß im frischgebügelten Blauhemd an dem langen Tisch, der quer vor die Stuhlreihen gerückt worden war. Über den Tisch war ein blaues Fahnentuch gelegt worden, und vorn hatte jemand das Emblem der Jungen Pioniere angebracht. Die sowjetischen Pioniere waren wieder die ordentlichsten. Sie hatten weiße Blusen an und trugen diesmal die blauen Halstücher. Die anderen hatten ihre Halstücher einfach über den Pullis geknüpft, ob die Farbe nun paßte oder nicht. Einer der Jungen aus der Nachbargruppe mußte sich nochmals umziehen, weil auf der Vorderseite seines Pullis ein Asterix aufgedruckt war. Das paßte nicht zusammen.

»Det wird ja richtig feierlich«, sagte Tutty und rückte unruhig auf dem Stuhl hin und her. »Ob du'n Orden kriegst?«

»Ich?« Inka erschrak richtig bei diesem Gedanken. »Wofür denn?«

»Na, für die Lebensrettung!« sagte nun Bienchen und machte große Augen.

Aber davon war vorerst gar nicht die Rede. Harald und alle Betreuer saßen vorn am langen Tisch und nahmen die Meldung entgegen, die diesmal nicht Carola machte.

»Seid bereit, Pioniere!« rief Harald so laut in den Raum hinein, daß es beinahe wie eine Drohung klang.

»Immer bereit!« schallte es ihm aus fast hundert Kehlen entgegen.

»Carola is woll in Ungnade jefallen?« tuschelte Tutty voller Schadenfreude.

Harald sprach von mangelnder Disziplin, vom Unglücksfall, der sich daraus ergeben habe, und von Selbstverpflichtungen, die die Gruppen übernehmen sollten, um zu beweisen, daß sie es künftig besser machen wollten. Die Gruppen sollten beraten und ihm nachmittags, um fünfzehn Uhr, ihre Meldungen überbringen.

Bienchen seufzte. »Wenn ich mal schon mit Mama an der Ostsee wäre. Das geht mir hier vielleicht auf die Nerven. Einmal und nie wieder!«

»Sei stille!« zischte Tutty. »Da merkste wenigstens mal, wie es uns immer jeht. Denkste, im Heim isset anders? Und det jeden Tag!«

Sie flüsterten weiter, aber Inka konnte nicht mehr zuhören, denn Harald sprach jetzt von ihr. Er lobte ihren Mut.

»Ina hat ihrer Mitschülerin das Leben gerettet, als die anderen überhaupt nicht auf den Vorfall achteten. Das verdient eine große Auszeichnung. Ich werde sie für Ina beantragen. Aber ich gratuliere dir schon jetzt zu deinem hervorragenden Einsatz, Ina. Echt Spitzensportlerin – so eine, wie du werden willst.«

Er kam extra hinter dem Tisch mit dem blauen Fahnentuch hervor, schüttelte Inka die Hand und gab ihr ein Buch. »Zur Erinnerung und für deine Tapferkeit«, sagte er.

Inka stand mit hochrotem Kopf vor ihm und wußte nicht, wohin sie schauen sollte. Das müßte Johanna sehen, dachte sie. Und Frau Nogler. Vielleicht darf ich jetzt zur Sportschule. Als Harald sich wieder hinter den Tisch gesetzt hatte, änderte er den Ton und forderte Carola auf, zu ihrem Verhalten Stellung zu nehmen.

»Selbstkritik«, flüsterte Brit voller Schadenfreude, denn auch sie konnte Carola nicht leiden.

»Asche aufs Haupt«, entgegnete Tutty, ließ sich aber nicht ablenken, weil sie alles mitbekommen wollte, was Carola sagte. Sie kam auch ganz auf ihre Kosten, und Inka dachte voller Verwunderung: Das könnte ich nie! Wenn mir das passiert wäre, ich bekäme keinen Ton heraus.

Carola überbot sich in der nötigen Selbstkritik, die alle milder stimmen sollte. Doch dann drehte sie einfach den Spieß um und sagte, daß es ihr nur daran gelegen war, das gesamte Klassenkollektiv voranzubringen.

»Das hat eben auch was damit zu tun, daß der Zensurendurchschnitt nicht durch Susannes schlechte Leistungen im Sport heruntergedrückt wird. Aber ich werde mich, genau wie bei Susanne, auch darum kümmern, daß andere ihre schlechten Leistungen in Fächern wie Mathe . . .«

»Damit meint se dich«, flüsterte Tutty empört. »Diese Funktionärszicke!«

Ein paar Selbstverpflichtungen wurden von Carola geschickt an den Schluß ihrer Rede gesetzt – und nichts weiter geschah. Carola setzte sich brav wieder hin. Harald und die Betreuer fügten noch Ermahnungen zur Disziplin hinzu. Dann konnten alle wieder hinausgehen.

Inka lief zum See hinunter. Sie wollte gern allein sein. Aber

Tutty wich nicht von ihrer Seite. So band Inka auch den Kahn nicht los, sondern setzte sich unter die große Birke und schaute aufs Wasser hinaus.

Tutty setzte sich neben sie. Als sie lange genug geschwiegen hatten, platzte Tutty heraus: »Wenn du mich fragst, det ham wieder wir auszubaden. Carola macht bloß die Verpflichtungen. Denk mal schon langsam an deine Mathebücher!« Sie schnaufte ärgerlich.

Inka löste den Blick vom See, der glitzernd in der Sonne lag. Am liebsten hätte sie jetzt gar nichts gesagt. Aber dann entschloß sie sich, doch zu reden: »Warum sollte ich zurückfahren und Carola darf im Ferienlager bleiben? Kannst du mir das sagen, Tutty? Hat sie etwas anderes getan als das, was Harald von mir dachte?«

Tutty schob den linken Fuß bequemer in den Schneidersitz. Sie war froh, daß Inka nun wieder sprach. Das Schweigen war ihr schon unheimlich geworden.

»Det is eben der feine Unterschied«, antwortete sie spöttisch. »Carola macht 'n selbstkritischen Kniefall vor Harald und verpflichtet sich zu wat – und wir können dann die Suppe auslöffeln. Aber du, du Dusseltier, machst Kulleraugen und sagst nischt, wat dem jefallen könnte. Jetzt haste hoffentlich mal kapiert, wat Sache is.«

»Aber das ist alles so ungerecht!«

»Ungerecht!« Tutty schniefte vor Behagen, denn das Gespräch war so richtig was für sie. Da konnte sie endlich mal ihrem Ärger Luft machen und Inka ein paar freundschaftliche Ratschläge geben. Die hatte sie, ihrer Meinung nach, bitter nötig.

»Det is eben so«, sagte sie. »Und vom Stillesein wird det nich anders. Da mußte dir wehren!«

»Dich«, sagte Inka. Sie konnte es nicht leiden, wenn Tutty so falsch sprach. Aber Tutty war nun mal in Fahrt.

»Dir oder dich – det ist wurscht. Wehren muß man sich gegen solche wie Carola.«

Nach einer Weile fügte sie hinzu: »Ick wär glatt mit zurückgefahren. Icke hier und du in Leipzig – nich auszudenken.«

Inka rechnete ihr das hoch an. »Bist eine echte Freundin, Tutty. Wirklich, echt prima.«

Tutty, die das Wort »Freundin« hörte und gleich wieder voller Eifersucht war, fragte rasch: »Und die Susanne? Ist die auch deine Freundin?«

Inka dachte nach, dann sagte sie: »Irgendwie schon, aber anders als du. Ich weiß nicht wie.«

Damit war Tutty aber sehr unzufrieden. »Wirst schon sehn, wat du davon hast. Wenn du jemand aus'm Wasser fischst, dann muß es noch lange nicht deine Freundin sein.«

Sie war eifersüchtig auf Susanne, das fühlte Inka.

Nach dem Mittagessen kam Maxi zurück. Sie nahm sich nicht mal Zeit, ihre Tasche ins Zimmer zu stellen, sondern ließ sie einfach vor der Tür stehen und ging zum See hinunter, wo Inka bis zu den Knien im Wasser stand, obwohl ihr der Hals schmerzte. Als sie Maxi sah, ging sie ihr entgegen. »Was ist mit Susanne?« fragte sie.

Maxi nahm sie einfach in die Arme und drückte sie an sich. »Alles in Ordnung. Sie kommt bald wieder – ich werde sie so schnell wie möglich wieder abholen aus dem Krankenhaus.« Und dann sagte sie: »Danke, Inka. Das werde ich dir nie im Leben vergessen.«

Inka schluckte heftig, und der Hals tat ihr wieder weh. Daß sie Maxi durch ihre Tat so imponieren würde, daran hatte sie gar nicht gedacht, eher daran, ihr keinen Kummer zu bereiten.

Sie lagen dann lange Zeit nebeneinander auf der Decke, ohne zu sprechen. Tutty strich um beide herum und war voller Unruhe, was da geschah. Hätte sie Maxis Gedanken erraten können, wäre ihre Unruhe noch größer gewesen, denn was Maxi sich mit Susanne Inkas wegen ausgedacht hatte, das war nicht nur eine große Veränderung für Inka, sondern betraf auch Tutty. Aber davon erfuhr Inka vorläufig noch nichts.

Inka schrieb an diesem Abend in ihr Tagebuch: »Ich beneide Susanne um Maxi. Warum haben manche alles und manche gar nichts? Wenn meine Eltern nicht fortgegangen wären, könnte ich es auch so schön haben. Aber sie haben mich sicher nicht so lieb gehabt wie die Maxi die Susanne . . .«

Obwohl alles so gut geworden war, konnte Inka in dieser Nacht lange nicht einschlafen. Nicht nur, weil die Halsschmerzen sie quälten und sie schlecht schlucken konnte, sondern weil ihr auch der Kopf vom vielen Nachdenken weh tat.

Sie holte mitten in der Nacht den Brief aus dem Versteck im Tagebuch und las unter der Decke, was sie schon mehrmals gelesen hatte. Und immer wieder hoffte sie: Vielleicht bin ich gar nicht damit gemeint. Kann doch sein, die Frau hat sich geirrt und sollte eine ganz andere Ina suchen.

Trotzdem war sie den Tränen nahe, als sie wiederum las, was da für sie oder das andere Mädchen aufgeschrieben worden war.

». . . Eines Tages wurde ich aus dem Arbeitssaal geholt. Im Besuchszimmer erwartete mich mein Rechtsanwalt. Bei ihm war ein Mann, den ich nicht kannte. ›Nun können Sie bald nach Hause‹, sagte der Rechtsanwalt zu mir. Ich brauchte nicht nachzurechnen, denn im Zuchthaus weiß man, wie viele Jahre, Wochen und Tage man noch vor sich hat. Das rechnet man Nacht für Nacht aus, wenn man schlaflos liegt. Meine Haftzeit war zu zwei Dritteln verbüßt. ›Sie brauchen nur noch das hier zu unterschreiben!‹

Ich nahm das Blatt Papier und konnte erst gar nichts erkennen, weil mir vor Aufregung die Buchstaben vor den Augen tanzten. Doch was ich schließlich las, ließ mir fast den Atem stocken. Ich sollte unterschreiben, daß du zur Adoption frei bist. ›Nein‹, sagte ich. ›Nein, das unterschreibe ich nicht. Machen Sie mit mir, was Sie wollen. Mein Kind überlasse ich nicht fremden Menschen. Und einmal komme ich ja hier raus.‹ Der Mann, der mit meinem Rechtsanwalt gekommen war, steckte das Blatt ohne meine Unterschrift in seine Mappe. ›Das werden Sie noch bereuen!‹ sagte er böse. ›Es geht auch ohne Ihre Zustimmung. Einer, wie Sie es sind, kann man kein Kind zur Erziehung anvertrauen.‹

Siehst du, Ina, deshalb war ich bis zum letzten Tag im Zuchthaus, und ich habe darauf bestanden, in den Westen entlassen zu werden. Von hier aus habe ich die Möglichkeit, um dich zu kämpfen. Halt durch, mein Kind. Ich hole dich hierher zu mir. In die Freiheit . . .«

Aber ich will doch gar nicht! Inka stand der Schweiß in großen Perlen auf der Stirn. Sie knipste die Taschenlampe aus und warf die Decke von sich. Ihr Körper glühte.

Ich habe Fieber, dachte sie erschrocken. Und der Hals tut mir so schrecklich weh. Aber wenn sie das merken, dann darf ich nicht mit nach Berlin fahren.

Als sie das Tagebuch wieder versteckte, wurde Tutty wach.

»Is wat?« fragte sie verschlafen.

»Mir ist so heiß«, stöhnte Inka.

Tutty stieg aus ihrem Bett und stellte sich vor Inka hin.

»Fieber?« fragte sie erschrocken und faßte nach Inkas Puls.

»Nein!« Inka wehrte sich. »Ich will mit nach . . .«

Sie sank erschöpft wieder auf das Kopfkissen zurück.

»Warte, ich bin gleich wieder zurück«, sagte Tutty so leise wie möglich, um die anderen nicht zu wecken. Sie schlüpfte aus dem Zimmer und kam mit zwei nassen Waschlappen zurück. »Um die Knöchel wickeln, det zieht's Fieber runter.

Hat meine Mama immer mit mir jemacht . . .«

Die anderen schliefen wie die Murmeltiere und merkten nichts von Tuttys Bemühungen, das Fieber zu senken. Tatsächlich schlief Inka nach einiger Zeit ein. Tutty legte immer wieder kühle Waschlappen auf ihre Stirn.

Die Grenzsicherungsanlagen

Am anderen Morgen, als Inka erwachte, fühlte sie sich viel besser. Nur die Halsschmerzen blieben.

»Geh mal deiner Maxi aus'm Wege«, riet Tutty. »Wenn die wat merkt, biste fällig fürs Krankenzimmer, und der Ausflug is jestrichen.«

Inka befolgte den Rat. Es fiel ihr auch nicht allzu schwer, weil sie sich beeilen mußten, um rechtzeitig den Zug am Potsdamer Hauptbahnhof zu erreichen. Harald hatte die Leitung der Exkursion, und natürlich verpflichtete sich Carola, ihn dabei zu unterstützen. Fast dreißig waren sie. Auch Swetlana und ein paar andere sowjetische Pioniere waren dabei. Es ging ja immerhin zum Treptower Ehrenmal.

Carola hatte einen großen Strauß Wiesenblumen dabei, um ihn an der Gedenkstätte niederzulegen. Aber so sehr sie sich auch umsah, es fand sich niemand, um die Blumen zu tragen. Tutty sagte leise zu Inka: »Soll se mal die Dinger selber schleppen. Wenn wir da sind, nimmt se dir die Dinger glatt aus der Hand und legt se hin. Det machen die immer so bei Delegationen. Der Boß läuft hinterher und faßt dann mal an, wenn die Kränze hingelegt worden sind. Hab' ick im Fernsehn jesehn.«

Swetlana nickte ernsthaft dazu. Sie konnte Tutty nun schon gut verstehen, weil sie die meiste Zeit mit ihr zusammen war.

»In Leningrad sie machen das auch«, bestätigte sie. Und dann lachten alle.

In Schönefeld stiegen sie in die S-Bahn um. Harald und Frau Sachs hielten die Gruppe zusammen. Das war schwierig, weil viele Reisende, die aus dem Süden der DDR kamen, schon in Berlin-Schönefeld den Zug verließen und mit der S-Bahn ins Zentrum weiterfuhren. Das ging schneller.

»Wir fahren bis Friedrichstraße, das ist die Endstation«, wurde durchgegeben. »Zuerst besichtigen wir das Brandenburger Tor und sehen uns die Grenzsicherungsanlagen an.«

»Ach du lieber Jott!« stöhnte Tutty. »Dann wird det ja Mittag. Und denn müssen wir ja wieder zurück, wenn wa nach Treptow wollen!«

Inka saß in einer Ecke der S-Bahn. Sie bemühte sich, sich nicht anmerken zu lassen, wie elend sie sich fühlte. Alwin Hammer sagte: »Ist dir schlecht? Siehst aus wie Braunbier und Spucke!«

Inka schüttelte nur den Kopf. Sie war froh, als sie am Bahnhof Friedrichstraße aus der S-Bahn steigen konnte.

Unter den Linden bogen sie rechts ab.

»Ist es noch weit?« fragte Inka matt. Tutty hielt sich besorgt in ihrer Nähe. »Da vorne, Inkalein, da siehste det ja schon.«

Die Strecke bis zum Brandenburger Tor kam ihr unendlich weit vor. Schließlich standen sie auf dem freien Platz vor dem Bauwerk. Harald gruppierte alle um sich herum und erklärte ihnen, weshalb die Mauer 1961 gebaut worden war: »Der Klassenfeind«, sagte er, »der hatte vor, unser sozialistisches Land auszubluten. Die besten Spezialisten wurden abgeworben, Menschen, für deren Ausbildung der Staat viel Geld ausgegeben hatte. Und nicht nur das – durch die offene Grenze kamen Spione haufenweise, Agenten wurden hereingeschleust, Schundliteratur kam in Massen herüber . . .«

Inka hörte gar nicht richtig zu. Sie konnte sich nichts darunter vorstellen, was Agenten waren und wie Schundliteratur aussah.

»Damit meint der den Asterix und den Superman und so«, erklärte Alwin Hammer hinter der vorgehaltenen Hand. »Und die Krimis mit dem Derrick.«

»Geht's hier nach dem Westen?« fragte Inka ebenfalls leise, um nicht von Harald oder Carola gehört zu werden. Ängstlich schaute sie auf die Grenzsoldaten in ihren grauen Uniformen und mit den Maschinenpistolen, die am Brandenburger Tor zu sehen waren. Dabei mußte sie unwillkürlich an die Stelle in dem Brief denken, wo geschildert wurde, wie ihre Eltern die Grenze erreichten. Aber hier war weder Wald noch Stacheldraht zu sehen. Nur eine glatte Mauer.

Außer ihnen hatten sich noch andere Menschen auf dem Platz versammelt. Mit verhaltener Stimme sprachen sie über das, was sie sahen oder was sie hinter dieser Mauer vermuteten.

Inka hörte Worte wie Schießbefehl, Todesstreifen, Selbstschußanlagen, Bluthunde, Wachtürme – Worte, die ihr Schrecken einjagten und in ihrer Phantasie gräßliche Bilder entstehen ließen.

»Da muß jeder mit rechnen, daß er sein Leben einbüßt. Von denen, die versucht haben, über die Grenze zu kommen, haben schon viele ins Gras gebissen. Und noch mehr davon sind in den Zuchthäusern gelandet!«

Der Mann, der das sagte, sprach flüsternd wie alle hier. Außer Harald sprach keiner laut.

»Die Freiheit ist eben nur mit großen Opfern zu erkaufen«, sagte ein anderer Mann.

Inka spürte unter den Menschen, die vor dem Brandenburger Tor und der Mauer standen, eine Beklommenheit, die sich auf sie übertrug. Keiner traute sich, laut zu reden.

Harald aber ließ seine Stimme laut ertönen. Er stand da, die

Ärmel seines blauen FDJ-Hemdes hochgekrempelt, und sprach so wie sonst Herr Kallmus vom Klassenfeind, der im Westen lebt und »unserer sozialistischen DDR schaden will«. Die Menschen wandten sich von der Gruppe ab. Ärgerlich, manche sogar verächtlich. Eine Frau sagte: »So werden diese Kinder aufgehetzt. Eine Schande ist das!« Aber auch sie sagte das nicht laut, und sie drehte sich vorsichtig um, ob nicht jemand hinter ihr stand. Dann ging sie schnell weg.

»Komm weg hier!« sagte Inka und zerrte Tutty ein Stück davon. Aber Tutty ging nicht weiter.

»Mensch, Inka, jetzt doch noch nicht!« zischte sie leise. »Det jeht erst an der S-Bahn.«

Inka schleppte sich noch »Unter den Linden« entlang bis zur Wache, aber sie nahm alles nicht richtig in sich auf. Bilder entstanden vor ihr, die sie erschreckten, und ihr wurde heiß und schwindlig. »Ich hab' solchen Durst«, stöhnte sie.

»Warte, wir sind gleich an der Friedrichstraße, da setzen wir uns ab.«

Inka bekam das alles gar nicht mit. Als es an der S-Bahn-Station Friedrichstraße wieder ans Einsteigen in Richtung Treptow ging, fuhr der Zug ohne sie und Tutty ab.

»So, det hätten wir«, sagte Tutty. »Und nu schnell weg hier, bevor die uns vermissen.«

»Tutty, wir haben die anderen verloren!« sagte Inka und schaute erschrocken um sich. Doch Tutty lachte vergnügt.

»Wollten wir doch – nu komm schon! Wir fahrn jetzt zu meiner Mama, die bringt dir wieder uff de Beene!«

Inka ließ sich in einen anderen S-Bahn-Zug hineinschieben, dann stiegen sie nochmals um und standen schließlich vor einem S-Bahnhof auf der Straße.

»Schwarzgefahren!« triumphierte Tutty. Und, als sie Inkas blasses Gesicht sah: »Is nicht weit. Komm, auf mir kannste dir verlassen. Ick bin 'ne richtige Freundin!«

Sie gingen in ein Haus, und Tutty klingelte im dritten Stockwerk an einer Wohnungstür. Hinter der Tür schlurfte es, und eine Stimme schimpfte.

Doch dann wurde die Tür geöffnet, und eine Frau sagte: »Mensch, Tuttylein, wo kommste denn so plötzlich her? Und wen haste denn da mit?«

»Det is Inka, Mama. Meine Freundin aus'm Heim.«

Inka wurde in ein Wohnzimmer geschoben und war froh, als sie sich dort auf eine Couch setzen konnte. Tutty ging mit ihrer Mutter in die Küche und kam bald darauf mit einem Glas kalter Limonade wieder. Hastig trank Inka das Glas leer. Davon wurde ihr ein wenig besser.

Überhaupt fühlte sie sich plötzlich so geborgen in diesem Zimmer, das etwas unaufgeräumt, aber sehr gemütlich war. Das machten sicher die Möbel, die nicht so aussahen wie aus dem Möbelladen, sondern so, wie sie es manchmal im Fernsehen gesehen hatte. Auch bei Frau Nogler zu Hause sah es ein bißchen so aus, nur war dort mehr Ordnung. Aber es störte Inka überhaupt nicht, daß die Kissen auf der Couch durcheinander lagen und ein Vogelkäfig mitten auf dem Tisch stand.

»Det is unser Hansi«, erklärte Tuttys Mama und lockte den Wellensittich auf den Zeigefinger. »Jeder Mensch muß wat for det Herze haben!« Und dann zog sie Tutty an sich und weinte ein bißchen.

Inka zog die Schuhe aus und nahm die Beine auf die Couch. Sie hockte sich in die Ecke und schaute den beiden zu, die Kunststückchen mit Hansi vorführten.

Doch dann wurde es ihr wieder ganz heiß, und Hansi war plötzlich zweimal da. Sie versuchte, den Wellensittich von sich abzuwehren, und schrie leise auf.

»Wat is denn, Inka?« fragte Tuttys Mama und sperrte den Vogel in den Käfig. »O Jottchen! Haste Fieber?«

Dann ging alles ziemlich schnell, und Inka ließ auch alles mit sich geschehen. Sie war froh, als sie ausgezogen und mit einem Nachthemd von Tuttys Mama in deren Bett lag.

»Papa ruft im Lager an, daß wir heute hier bleiben«, beruhigte Tutty die Freundin. »Trink mal, und dann schlaf ein bißchen.«

Inka schluckte gehorsam die Tabletten, die Tutty ihr gab, trank etwas hinterher und sagte, daß ihr Hals wieder schrecklich weh tue. Da bekam sie noch einen dicken feuchten Wickel um den Hals, und Tuttys Mama setzte sich auf die Bettkante.

»Armet Jör!« sagte sie leise und tupfte Inka mit einem angefeuchteten Tuch die heiße Stirn ab. »Wird schon allet jut.«

»Wir müssen zurück«, sagte Inka, als Tutty noch einmal kam, um ihr etwas zu trinken zu bringen. »Die werden uns suchen.«

»Mach dir mal darum keine Gedanken!« Tuttys Mama zog das Rollo etwas herunter. Das tat gut, die Augen brannten nicht mehr so sehr. »Papa ruft an. Und ihr bleibt hier, bis du wieder auf'm Damm bist.«

Die Stimme war so beruhigend, daß Inka nichts mehr dagegen hatte, im Bett zu bleiben und einfach zu schlafen. Das war ein Gefühl wie bei Maxi, Frau Nogler, Tuttys Mama und der Frau mit der Schaukel in einem. Auch ein bißchen wie bei der Frau aus dem Brief, die so traurige Augen hatte.

Zu Hause bei Tutty

Inka schlief tief und fest bis zum anderen Morgen durch. Als sie aufwachte und sich erschrocken in der fremden Umgebung umsah, hörte sie neben sich Tuttys vertrautes Lachen.

»Na, biste wieder okay?« fragte Tutty. »Hast Mama 'n janz schönen Schreck eingejagt.«

Inka erinnerte sich plötzlich ganz genau, was vorgefallen war. Sie faßte mit der Hand an ihren Hals, der dick mit einem Wolltuch umwickelt war.

»Tut's noch weh?« wollte Tutty wissen.

Inka wickelte das Tuch vom Hals und schluckte probeweise.

»Nein«, sagte sie. »Wie weggeblasen. Dann stehe ich jetzt auf. Wie spät ist es denn?«

Sie schaute auf ihre Armbanduhr, aber die war stehengeblieben.

Tutty angelte vom Nachtschränkchen einen Wecker heran und hielt ihn Inka hin. »Gleich zehn!«

»Das Ferienlager!« Inka setzte sich kerzengerade auf und schaute so erschrocken aus, daß Tutty sich vor Lachen im Bett kullerte. »Det leibhaftige schlechte Jewissen!«

Inka war der Schrecken in alle Glieder gefahren. Ihr wurde ganz mulmig zumute. »Die werden uns suchen, Tutty!«

»Nee«, sagte Tutty. Sie klärte Inka darüber auf, daß ihr Papa am gestrigen Nachmittag gleich im Ferienlager angerufen und Bescheid gesagt habe. »Und jetzt machen wir uns 'nen feinen Tag.«

Inka sah sich um. »Ist das euer Schlafzimmer?« fragte sie. Tutty nickte bestätigend.

»Wo haben denn deine Eltern geschlafen, wenn wir…«

»Im Wohnzimmer. Auf'm Sofa«, gab Tutty gleichgültig Auskunft. Tuttys Mama steckte nun den Kopf durch die Tür. Sie hatte einen langen geblümten Morgenrock an und schien auch gerade erst aufgestanden zu sein. »Na, wieder auf Deck, Inka?«

»Ja, mir geht's wieder prima.«

»Na, dann wolln wir mal frühstücken!«

Inka fühlte sich wirklich viel besser. Und es gefiel ihr hier.

Alles war so ungezwungen und so freundlich. Keiner sagte, was sie tun sollte. Deshalb machte alles noch mal soviel Spaß. Als sie sich gewaschen und angezogen hatten, rief Tuttys Mama: »Wir frühstücken in der Küche, Papa liegt noch auf'm Sofa.«

Tutty fühlte sich ganz zu Hause. »Mensch, Mama! Frische Schrippen. Wo haste denn die her?«

Die Mutter lachte und zeigte auf den Gasherd. »Extra aufgebacken, damit's euch richtig schmeckt. Ihr müßt det doch mal richtig spüren, wie det zu Hause bei Muttern ist.«

Trotzdem wurde Tutty immer unruhiger. Inka wunderte sich darüber. Außerdem hatte sie zu tun, den Wellensittich Hansi zu bedienen. Der hatte sich ausgerechnet auf ihrem Frühstücksteller niedergelassen. Sie wurde deshalb auch erst auf das Gespräch zwischen Tutty und ihrer Mutter aufmerksam, als es lauter wurde und Tutty wütend sagte: »Wenn ihr so weitermacht, dann kann ick ewig in Heimen rumsitzen!«

Tuttys Mama stand auf, ging zum Kühlschrank und holte eine Flasche Bier heraus. Sie öffnete die Flasche und trank vor Inkas und Tuttys Augen die Flasche mit einem Zug aus. »So, det tut jut. Standpauken kann ick nich haben, Tutty. Det merk dir mal.«

Als wäre alles in bester Ordnung, setzte sie sich wieder an den Küchentisch und aß ruhig weiter. Das brachte Tutty noch mehr in Wut. Sie riß die Tür zum Wohnzimmer auf und schrie: »Da liegt er nun rum und is besoffen. Arbeet is nich, wa? Immer der gleiche Schlamassel!«

Inka sah durch die geöffnete Tür einen Mann auf der Couch liegen. Er war angezogen, nur die Schuhe lagen daneben. Auf dem Tisch standen zwei Gläser und ein paar Flaschen, und durch die geöffnete Tür kam jetzt ein Geruch, der Inka Übelkeit verursachte.

»Geht nachmittags fort, um zu telefonieren, und kommt erst

früh wieder heim, stockhagelbesoffen!« schimpfte Tutty weiter. Inka hatte sie noch nie so wütend gesehen.

»Ick möcht mal wissen, wat der im Ferienlager jesagt hat!«

»Wird schon alles in Ordnung sein«, beschwichtigte Tuttys Mutter. Aber ihr Gesicht war dabei so klein und unsicher, daß Inka Bedenken bekam. Ihr kroch ein Angstgefühl ans Herz, und die gute Laune, die sie beim Erwachen gehabt hatte, war wie weggeblasen.

»Tutty, wie kommen wir jetzt wieder ins Ferienlager?«

Tutty stand auf einem Hocker und kramte aus dem Küchenschrank eine Blechschachtel heraus.

»Tutty, det kannste aber nich machen!« wehrte sich ihre Mutter. »Det is Papa seine eiserne Reserve.«

»Is mir wurscht!« schnaufte Tutty wütend. Da sie so zielsicher bei der Suche nach Geld vorgegangen war, vermutete Inka, daß dies nicht das erste Mal war. Ihr wurde ganz flau zumute, als Tutty jetzt einfach zwanzig Mark aus der Blechschachtel nahm und sie wieder zurückstellte.

»So, det reicht. Damit kommen wir bis ins Ferienlager.«

Bevor die Mutter protestieren konnte, klingelte es an der Wohnungstür. Erschrocken zog sie ihren geblümten Morgenrock fester um sich und ging hinaus auf den Korridor. Die Küchentür zog sie hinter sich zu.

Tutty legte den Finger an den Mund, was bedeutete, daß Inka sich ruhig verhalten solle.

Sie hörten, daß Tuttys Mutter laut schimpfte und dann immer kleinlauter wurde. Zwei Männerstimmen waren zu hören, aber Inka konnte sich keinen Reim darauf machen, was sie sprachen.

Endlich wurde die Küchentür geöffnet, und in der Tür standen zwei Volkspolizisten. »Na bitte!« sagte der eine. »Da sind ja die Ausreißer.«

»Die sind nicht ausgerissen!« beharrte Tuttys Mutter. »Und

der Fred, was mein Mann ist, der hat anjerufen im Ferienlager.«

Tutty sprang auf und wurde kreideweiß. »Hat er nicht angerufen? Hat er nich Bescheid jesagt, daß Inka Fieber hat und nich aus'm Bett kann?« Sie schaute auf die Volkspolizisten und dann auf ihre Mutter, die hilflos die Arme herunterhängen ließ. Dann riß sie die Wohnzimmertür weit auf und rannte auf den Mann zu, der auf dem Sofa lag.

»Papa! Papa! Hast du angerufen im Ferienlager?«

Der Mann setzte sich und starrte mit glasigen Augen auf Tutty und die anderen, die jetzt ins Wohnzimmer traten.

»Tuttylein«, sagte er und schaute sie verständnislos an. »Wo kommste denn so plötzlich her? Biste ausgerückt?«

Tutty war dem Heulen nahe. »Papa! Hast du im Ferienlager angerufen und gesagt, daß Inka krank ist?«

Tuttys Vater schaute alle an und wußte nicht, was er mit den Menschen machen sollte, die da plötzlich im Zimmer standen. Als er die Volkspolizisten erkannte, rappelte er sich auf und sagte: »Herr Wachtmeesta – et war nich ville – bloß'n paar Klare. Kann ick beschwörn.«

Der jüngere Volkspolizist rümpfte die Nase, weil es im Zimmer stank wie in einer billigen Kneipe. Der Ältere, der wahrscheinlich nicht zum ersten Mal so etwas erlebte, ging jetzt zu Tuttys Vater hin, der wieder in die Sofakissen zurückgesunken war. Tutty aber setzte sich in einen Sessel und weinte leise vor sich hin.

Inka ging zu ihr hin und fragte: »Wird das schlimm?«

»Ick weeß nich«, antwortete Tutty und heulte weiter. »Allet machen sie mir kaputt. Und jetzt willst du bestimmt nichts mehr von mir wissen. Nu hab' ick nich mal mehr 'ne Freundin.«

»Quatsch!« sagte Inka. »Das hat doch damit nichts zu tun.« Sie hielt ihr ein Taschentuch hin, das sie aus der Tasche ihres

Anoraks zog. »Ob die uns jetzt verhaften?«

Das alles flüsterten sie leise, und der jüngere der beiden Volkspolizisten wurde mißtrauisch.

»Auseinander ihr beiden. Abgemacht wird jetzt nichts. Die Wahrheit wollen wir wissen.«

Er zog Inka von Tutty fort und hielt sie einfach an der Schulter fest. Es war Inka unangenehm, die Hand auf ihrer Schulter zu fühlen. Sie bekam wieder Angst.

Inzwischen hatte der ältere Volkspolizist Tuttys Vater so weit, daß er einigermaßen vernünftig auf die Fragen antwortete. Jetzt zog er einen zerknüllten Zettel aus der Hosentasche und sagte: »Bitte, Herr Wachtmeesta! Da ist er, der Beweis! Ick hab' mir die Nummer extra rausjesucht. Und denn hab' ick probiert und probiert, aber et war keen Durchkomm' nich. Und denn hab' ick davon Durst jekriecht und een zur Brust genomm'. Aber zwischenmang hab' ick immer mal die Nummer dort probiert. Nischt, reineweg nischt. Da muß eens doch resignieren. Oder nich?«

Der jüngere Volkspolizist nahm ihm den Zettel weg und verglich ihn mit einer Nummer in seinem Notizbuch. »Das ist die Nummer vom Ferienlager«, bestätigte er. »Aber angerufen hat der nie. Der ist schon bei der ersten Kneipe...«

»Bitte, Genosse!« sagte der Ältere. »Das klären wir auf dem Revier. Ohne die Kinder. Die müssen jetzt schleunigst ins Ferienlager zurück.«

»Aber wenn doch die Inka krank ist«, jammerte Tuttys Mutter. »Ihr könnt doch det Kind nich mit Fieber in die Jegend scheuchen!«

Der Jüngere der beiden Volkspolizisten lachte hämisch.

»Feine Ausrede! Anziehen und mitkommen!«

Kleinlaut holte Tutty ihren Anorak und ihre Tasche. Auch Inka zog sich an. Als Tutty am Küchentisch vorbeiging, nahm sie den Käfig mit dem Wellensittich, stellte ihn ans offene Fenster und öffnete das Türchen. »Flieg schon, Hansi«, sagte sie. »Vielleicht findste wen, der sich um dir kümmert. Damit du nich ins Heim mußt.«

Hansi flatterte auf das Fensterbrett, dann äugte er noch einmal zu Tuttys Mutter hin, die wie versteinert zusah, und flog davon. Tutty schloß das Fenster.

Aber da kam Bewegung in Tuttys Mutter. Sie riß den Fensterflügel wieder auf und stellte den Käfig ins offene Fenster.

»Vielleicht kommt er doch wieder«, sagte sie. »Is ja möglich.«

»Vielleicht geht's ein bißchen schneller«, sagte der junge Volkspolizist ungeduldig. »Mehr habt ihr nicht?«

Inka und Tutty standen in ihren Anoraks fertig angezogen da. Tutty schüttelte nur den Kopf. Sie schaute mit einem Blick auf ihre Eltern, der Inka ins Herz schnitt. Nein, solche Eltern nicht, dachte sie. Dann lieber gar keine.

Tuttys Mutter wollte noch was sagen, dann aber zog sie Tutty einfach an sich. Dabei rollten ihr ein paar Tränen aus den Augen. Tutty konnte das nicht sehen, und so stieß sie ihre Mutter einfach von sich und keuchte: »Laß det Theater, Mama, war wohl wieder nischt mit all die vielen Versprechungen von jestern. Sauft euch nur voll! Aber ohne mich. Ich hab'n Kanal nu voll von euch.«

»Na, na!« sagte der ältere Volkspolizist. »So'n Unschuldslamm bist du ja auch wieder nicht.«

Dann gingen sie alle die Treppen hinunter. Erst Tuttys Eltern, danach der jüngere Volkspolizist, dann Tutty und Inka, zuletzt der Ältere. Der fragte noch auf der Treppe: »Seit wann warst du denn schon erkältet?«

Inka hatte Angst. Sie sagte daher wahrheitsgemäß: »Schon seit ein paar Tagen, seit ich die Susanne...«

Sie brach ab. Nein, das gehörte nicht hierher. Der Volkspolizist dachte womöglich, sie wolle dadurch etwas für sich gutmachen. »Ich wollte eben gern mit nach Berlin fahren«, sagte sie schließlich.

Der Volkspolizist ging jetzt neben ihr auf der Treppe. »Warst du denn noch nie da?«

»Nein«, sagte Inka. »Es war das erste Mal.«

»Und dann?«

»Mir ist schlecht geworden, an dem Brandenburger Tor...« Sie heulte nun auch, aber nicht wegen dieser Sache, sondern weil sie sich an das erinnerte, was dort am Brandenburger Tor, an dieser Mauer, gewesen war. Der Volkspolizist nahm sie bei der Hand, und das beruhigte sie ein bißchen.

»Sind dort wirklich – Bluthunde hinter der Mauer und – Todesstreifen?« fragte sie ohne zu überlegen und zitterte regelrecht. Vielleicht hoffte sie, daß er das widerlegen würde, was sie von den Leuten dort gehört hatte. Sie hatte Vertrauen zu diesem Volkspolizisten, der würde ihr bestimmt die Wahrheit sagen.

Aber der Mann, der bisher so freundlich zu ihr gewesen war, ließ ihre Hand plötzlich los und sagte: »Grenzsicherungsanlagen sind das. Verstanden! Und wer was anderes sagt, der lügt.«

In Inka zog sich etwas zusammen, als sie vor dem Polizisten die Treppe hinunterging, immer seinen Blick im Rücken. Er sagt auch nicht die Wahrheit, dachte Inka. Sonst wäre er jetzt nicht so böse geworden. Warum sagt er nicht die Wahrheit, wenn es doch richtig ist, was sie gemacht haben, die Grenze zu sichern, damit keine Feinde herüberkommen?

Inka stolperte regelrecht vor die Haustür, wo ein Streifenwagen stand.

»Ich fahre mit den Kindern voraus, kommen Sie mit den Leuten zum Revier nach!« wies der Ältere den jungen Volkspolizisten an. Inka und Tutty wurden in den Streifenwagen geschoben, und ab ging es zum Volkspolizeirevier.

Dort wurden sie in ein Zimmer geschickt, hörten aber durch die offene Tür, daß der Volkspolizist telefonierte.

»Mit dem Lager!« flüsterte Tutty und hatte große ängstliche Augen. »Jetzt müssen wir bestimmt nach Leipzig zurück!« Sie sprach plötzlich gar nicht mehr berlinerisch und sagte das alles so leise, daß Inka von der Angst angesteckt wurde.

»Und mit der Sportschule ist es auch aus, und mit den Pflegeeltern!«

»Alles wegen meinem Vater, dem Suffkopp! Hat mir fest versprochen, bei Harald anzurufen und Bescheid zu sagen.«

»Mir ist wieder schlecht«, sagte Inka. Sie rannte nach draußen und hielt sich das Taschentuch vor den Mund. Als sie wieder ins Zimmer kam, war sie blaß und hatte fiebrige Augen.

»Inka, werd bloß nich wieder krank«, bettelte Tutty. »Ick nehm auch alles auf mich. Du hast keene Schuld nich. Bestimmt. Bei mir macht det ja schon jar nischt mehr aus.«

Inka hätte am liebsten losgeheult. Tuttys Verzweiflung ging ihr nahe.

»Ob du deine Mama noch mal siehst?«

»Nee«, sagte Tutty. »Det war immer so, wenn se mir wechjeholt haben. Vielleicht stecken se Mama wieder in'n Knast.«

»Aber sie hat doch... Sie war doch so gut zu uns!«

Tutty winkte nur ab. »Det mach mal der Polente begreiflich.« Dann saßen sie lange, ohne zu sprechen. Endlich kam eine Volkspolizistin herein. Sie brachte zwei Becher mit Milch.

»Ihr werdet abgeholt, von einer Frau Kirsten.«

»Maxi«, flüsterte Inka nur und schob die Milch von sich weg. Ihr Hals tat wieder weh, sie konnte schlecht schlucken.

»Du siehst ja ganz käsig aus«, sagte die Volkspolizistin und lächelte. »So schlimm wird's schon nicht werden.«

Tutty fragte besorgt: »Haste wieder Halsschmerzen, Inka?«

Inka nickte matt. Die Polizistin befühlte Inkas heiße Stirn

und sagte: »Du hast Fieber. Komm, leg dich einstweilen mal ein bißchen hin. Ich hole dir eine Tablette.« Sie führte Inka zu einer schmalen Liege und breitete eine Decke über sie aus. Wieviel Zeit danach verging, konnte Inka nicht sagen. Sie sah dann plötzlich Maxi vor sich stehen, wußte auch, daß sie in ein Auto geführt wurde. Aber wie sie in das Lager und in das Bett im Sanitätszimmer gekommen war, das konnte sie nachher nicht mehr sagen.

Als sie die Augen aufschlug, sah sie neben dem Bett in einem Sessel Maxi sitzen. Sie hatte die Hände im Schoß und schlief. Die Tischlampe war abgedunkelt, und alles roch so schön nach Medizin und Sauberkeit. Inka hielt die Augen offen und überlegte, wie sie hierhergekommen war. Nur unklar konnte sie sich an alles erinnern. Hatte sie geträumt?

Als sie sich bewegte, wurde Maxi wach. »Hallo, Inka!« sagte sie und beugte sich über das Mädchen. Ihre kühle Hand berührte Inkas Stirn. »Na, ist ja schon viel besser, nicht wahr?«

Inka hätte viel darum gegeben, wenn Maxis Hand auf ihrer Stirn geblieben wäre. Aber Maxi setzte sich wieder in ihren Sessel und schaute auf die Armbanduhr. »Ist noch mitten in der Nacht«, sagte sie. »Willst du noch schlafen?«

»Nein«, sagte Inka. »Ich bin ausgeschlafen.«

Maxi lachte. »Kein Wunder. Fast drei Tage hast du gepennt. Kleines Murmeltier.«

»Drei Tage?« Inka schaute verstört um sich. »Und ist . . .«

»Alles in Ordnung!« sagte Maxi. »Tutty hat mir alles erklärt. Wo solltet ihr auch hin, wenn dir so schlecht war und Harald nicht aufpaßte, ob ihr alle im S-Bahn-Zug untergekommen seid. War schon richtig so, dich erst einmal in ein Bett zu stecken. Wir haben uns große Sorgen gemacht, weil Tuttys Vater den Anruf vergessen hatte.«

Inka schloß die Augen. Sie mußte erst einmal nachdenken.

Da war also tatsächlich alles gut? Tutty hatte geschwindelt – keiner hatte etwas bemerkt. Maxi auch nicht? Sie schaute Maxi an, und die blinzelte ihr verschmitzt zu.

»Nicht mehr darüber reden, ja?« Da wußte Inka, daß Maxi mehr von der Sache erfahren hatte als die anderen. Sie lächelte zurück. Und dann schlief sie tatsächlich noch einmal ein.

Eine Familie für Inka?

Die Sonne schien schon hell ins Zimmer, als Inka wieder munter wurde. Sie fühlte sich ganz prima. Maxi brachte ihr eine Schüssel mit Wasser und ihre Waschsachen. Als Inka fertig war, wollte sie sich anziehen.

»Heute bleibst du noch im Bett«, bestimmte Maxi. »Tutty wird dir gleich das Frühstück bringen.«

Tatsächlich kam wenig später Tutty mit einem Tablett und brachte Brötchen, ganz dick mit Butter bestrichen, und eine große Tasse Kakao.

»Mensch, Inka, hatte ick 'ne Angst um dich. Hast plötzlich nischt mehr von dir jewußt – völlig abjetreten. Wie 'ne Leiche.«

Sie waren allein im Zimmer, und Inka benutzte die Gelegenheit, Tutty zu fragen: »Wie war's denn? War's schlimm? Müssen wir jetzt nach Leipzig zurück?«

Tutty strahlte. »Nee! Nich die Bohne! Harald mußte mächtig auf Selbstkritik machen und die Sachs ooch. Weil die uns verloren ham, und weil die nich merkten, daß du so krank warst.«

Inka setzte sich gerade auf und sagte strafend: »Tutty, du weißt, daß das eine Lüge ist. Wir wollten uns doch Berlin angucken, das hatten wir schon hier ausgemacht. Und Swetlana weiß das auch.«

»Na und? Haben wir? Nich een Stück ham wir jesehn. Und seit der Sache mit Susanne warst du doch krank, oder etwa nich? Und was die Swetlana is, die schweigt wie ein Grab. Sonst darf die nie wieder ins Ausland.«

Inka schaute zum Fenster hinaus und sagte nichts dazu. Tutty zerbröselte aufgeregt ein Brötchen auf dem Tablett. Endlich hielt sie es nicht mehr aus und schimpfte: »Mensch, bist du aber zart besaitet. Dir wer'n se noch Federn ruppen! Leg du dir mal 'n dickeres Fell zu. Aber beruhige dir, janz so schlimm, wie du denkst, bin ick nich. Ick habe allet deiner Maxi erzählt. Jenau wie et war.«

»Und? Was hat sie gesagt?«

»Überlegt hat se, 'ne janze Weile. Dann hat se jesagt: ›Tutty, das ist alles sehr schlimm. Aber wir behalten das für uns, wegen Inka. Du bist doch ihre Freundin!‹ Jawoll, hat Maxi jesagt: ›Du bist doch ihre Freundin.‹«

»Sie hat gesagt, daß es meinetwegen sein soll?« fragte Inka heiser.

»Ja.« Tutty druckste herum und fragte dann: »Bist du – bin ick noch deine Freundin? Sag mir det janz ehrlich, Inka. Auch wenn das bei meinen Eltern alles so schlimm war?«

Tuttys Augen waren so traurig, daß Inka gar nicht anders konnte als zu sagen: »Aber klar, Tutty.«

Dann schob sie das Tablett beiseite und legte sich wieder in die Kissen zurück. Ein wunderbares, wohliges Gefühl kam über sie. Maxi hatte ihretwegen geschwiegen.

Leise ging Tutty mit dem Tablett hinaus. Inka konnte nicht sehen, daß Tutty weinte und die Tränen in den Kakao tropften, den Inka nicht ausgetrunken hatte. Aber für Tutty hatte sich in den letzten Tagen so vieles verändert, daß sie einfach noch nicht damit fertig werden konnte. Und sie schämte sich für ihre Eltern, die ihr etwas versprochen hatten und es wieder nicht hielten. Nun blieb ihr noch Inka. Aber Inka hatte nur noch Augen für Maxi und Susanne.

Es war schön, den ganzen Tag im Bett zu bleiben, auch wenn draußen die Sonne schien. Inka fühlte sich noch etwas schwach, aber sonst fand sie es herrlich. Maxi kam gleich nach Tutty wieder herein und fragte: »Ist es dir recht, wenn Susanne dich jetzt besucht? Oder bist du zu müde?«

»Nein, ich bin nicht müde, überhaupt nicht!« Inka setzte sich im Bett wieder aufrecht hin und wartete, daß die Tür aufging.

Dann stand Susanne vor ihrem Bett. Ganz verlegen war sie, als sie Inka einen Blumenstrauß hinstellte, lauter kleine Moosrosen waren es. Susannes Blick ging bittend zur Mutter, und die verließ das Sanitätszimmer.

»Setz dich doch«, sagte Inka und rückte im Bett ein wenig an die Wand, damit Susanne auf der Bettkante genügend Platz bekam. Susanne brachte vor Verlegenheit kein Wort heraus und drehte eine kleine Schachtel in der Hand hin und her. Endlich sagte sie: »Du hast mir das Leben gerettet. Und jetzt bist du meinetwegen krank.«

»Quatsch!« sagte Inka. »Ich hätte mir ja gleich was Trockenes anziehen können. Dann hätte ich keine Halsschmerzen gekriegt.«

»Ich weiß schon, wie es war«, sagte Susanne. »Und daß Carola nicht bestraft worden ist und du . . .«

»Ja, das war echt gemein«, erwiderte Inka. Sie legte sich wieder in die Kissen zurück. Verbittert fügte sie hinzu: »Nur weil die ein Funktionär ist. Und weil ich aus dem Heim bin. Deshalb.«

Susanne hatte große erschrockene Augen, als sie Inka so böse sah. »Das bildest du dir bloß ein, das mit dem Heim. Und – es muß ja auch nicht so bleiben. Ich – ich möchte gern eine Schwester haben. So eine wie dich.«

Jetzt war es heraus! Sie waren beide so verlegen, daß sie nichts mehr zu sagen wußten. Inka heulte ein bißchen, und Susanne drehte die kleine Schachtel aufgeregt in den Händen hin und her.

»Willst du?« fragte sie schließlich.

»Geht denn das?« fragte Inka atemlos und schniefte in ihr Taschentuch. »Ich möchte schon.«

Da lachte Susanne richtig fröhlich, als sei ihr ein Stein vom Herzen gefallen. »Na klar geht das! Maxi wird das schon schaukeln. Und der Schlumper, was mein Vati ist, der bringt das alles in Ordnung. Wozu ist der denn Richter? Und dann ziehst du mit nach Berlin.«

Inka glaubte nicht daran. Zweifelnd sagte sie: »Du wirst fortziehen mit der Maxi. Und im Null Komma nichts habt ihr mich vergessen.«

»Nein«, sagte Susanne. »Niemand vergißt dich. Und damit wir uns immer dran erinnern können – hier!« Endlich wurde sie die Schachtel los. Inka hob vorsichtig den Deckel ab. Auf rosa Watte lagen zwei silberne Kettchen mit gleichen Anhängern. »Die kann man öffnen!« erklärte Susanne und nahm das eine Medaillon heraus. Sie drückte auf die winzige Verriegelung und öffnete das Schmuckstück. Innen steckte ein ganz kleines Foto von Susanne.

»Das ist für dich«, sagte sie und legte das Medaillon um Inkas Hals. »Und das ist für mich. Maxi hat schon ein Foto von dir hineingetan. Machst du mir das um?«

Feierlich legte Inka das Silberkettchen um Susannes Hals. Wenn die Anhänger zugeklappt waren, sah man ihnen das Geheimnis gar nicht an. Da waren es nur runde Anhänger mit eingravierten Mustern. Inka war begeistert davon. Noch mehr, als sie erfuhr, welche Mühe sich Maxi gemacht hatte, sie aufzutreiben. Und dann wurden Pläne gemacht. Inka wäre am liebsten aus dem Bett gesprungen, aber dann fand sie es wunderschön, so verwöhnt zu werden.

»In Leipzig ziehst du erst mal bis zum Ferienende zu uns«, berichtete Susanne. »Das hat Maxi schon mit Schlumper besprochen. Der sagt, daß es gut ist, wenn du bei uns bist, weil ich dann abends nicht immer so allein bin. Du wirst sehen, Inka, es dauert gar nicht lange, und wir sind für immer beisammen. Wie Schwestern.«

Inka sagte leise: »Wie Schwestern.« Sie war glücklich. Nur eines machte sie ein bißchen traurig: »Zur Sportschule kann ich aber dann nicht mehr gehen.«

»Wer weiß, ob sie dich dort überhaupt genommen hätten«, tröstete Susanne. »Da sind bestimmt so viele Bewerber aus der ganzen DDR. Und vielleicht haben sie schon genug Schwimmerinnen. Aber trainieren kannst du in Berlin, soviel du willst. Die haben ganz tolle Schwimmhallen. Schlumper wird das schon schaukeln, daß sie dich in so einen Sportklub aufnehmen.«

Na ja, dachte Inka. Alles kann man nicht haben. Aber jeden Tag mit Maxi und Susanne zusammensein, das war schon große Klasse. »Ja«, sagte sie endlich laut. »Das war mein größter Wunsch. Ein richtiges Zuhause.«

»Und eine Schwester!« rief Susanne glücklich und fiel Inka um den Hals. Sie sahen beide nicht, daß Tutty in der Tür stand und alles mit anhörte. Sie bemerkten auch nicht, wie Tutty leise die Tür wieder schloß und die Lippen fest aufeinander preßte.

Ihre lustige Plänemacherei hörte erst auf, als Maxi Susanne aus dem Krankenzimmer scheuchte, das Rollo ein wenig herunterzog und energisch bestimmte, daß Inka jetzt Ruhe haben müßte.

»Ich will schließlich bald eine gesunde Inka!« sagte sie. Und nichts in der Welt hätte Inka mehr gefallen als dieser Satz.

Am nächsten Tag durfte sie dann wieder in das »Ferien-Mauseloch« umziehen. Mit verschlossenem Gesicht saß Tutty auf ihrem Bett, und als Inka sie fragte, was los sei, antwortete sie maulend: »Laß mich bloß in Ruhe. Ick hab' jetzt genug von det Jetue!« Dabei sah sie mit funkelnden Augen auf das Medaillon, dessen Gegenstück sie längst bei Susanne entdeckt hatte.

Inka wollte keinen Zank. Sie tat so, als merke sie gar nicht, daß Tutty so wütend war, kümmerte sich aber liebevoll um sie.

Später erwartete sie eine große Enttäuschung: Sie durfte beim Schwimmwettkampf nicht mitmachen, weil der Arzt, der sie untersucht hatte, ihr verbot, in den folgenden zehn Tagen ins Wasser zu gehen. Aus war es mit den schönen Ferien! Einen See vor der Nase und nicht rein dürfen! Das war schon eine Pleite. Harald, der Inka nun sehr bevorzugte, drückte ihr eine Stoppuhr in die Hand.

»Du verstehst doch soviel davon. Also, mach den Schiedsrichter.«

Inka durfte das erste Mal so etwas tun. Sie war sehr stolz und vergaß darüber ihren Kummer, daß sie nicht am Wettkampf teilnehmen konnte. Nur über ihren Trainingsausfall ärgerte sie sich. Da waren bestimmt wieder zwei oder drei Sekunden futsch. Als sie sich bei Maxi darüber beklagte, sagte die nur: »Du wirst mir doch keinen Ärger machen?«

»Nein, nein!« beteuerte Inka. Nichts in der Welt hätte sie jetzt dazu gebracht, das Verbot zu übertreten.

Tutty hatte das mit angehört. Bei jeder Gelegenheit äffte sie Maxi nun nach, wenn Inka etwas tat, was sie nicht sollte. Darüber wurde Inka so wütend, daß sie mit Tutty überhaupt nicht mehr sprach.

Bei den Vorbereitungen zum Abschiedsfest hatten Susanne und Swetlana in der Küche zu tun, weil sie dazu eingeteilt waren, Obst für die riesigen Kuchen zurechtzuschneiden, die beim Bäcker im Dorf gebacken wurden. Inka und Tutty hatten dadurch Zeit, und ein mächtiger Streit war im Gange, bis Angelika und Brit dazwischengingen.

»Nun ist aber Schluß!« sagte Angelika. »Den Zank nehmen wir nicht mit ins Leipziger Mauseloch. Gebt euch die Hand, aber fix.«

»Die geht sowieso nicht mit – is wat besseres!« fauchte Tutty, wurde aber plötzlich kleinlaut und ruhig und war sogar dazu bereit, wieder Frieden zu machen. Inka war viel zu froh darüber, daß Tutty wieder mit ihr sprach, als daß sie nach den Gründen der plötzlichen Nachgiebigkeit geforscht hätte. Aber Tutty war es heiß und kalt bei dem Gedanken geworden, Inka könnte danach fragen. Denn: Tutty hatte Inkas Geheimnis ausgekundschaftet. Sie hatte das Tagebuch gelesen und auch den Brief, und Inka würde das niemals verzeihen!

An den Schlüssel heranzukommen, der jetzt in Inkas Anoraktasche steckte, seit sie das Medaillon von Susanne um den Hals trug, war nicht schwer gewesen. Wo sich das Tagebuch befand, wußte sie ebenfalls seit langem. Nicht umsonst war ihr Schlafplatz unter dem von Inka. Zuerst hatte sie geschwankt, ob sie das tun dürfe. Doch dann hatte die Sorge überwogen, was Inka zu der ganzen Sache mit Berlin meinte. Wenn sie ehrlich was darüber sagt, dann in ihrem Tagebuch, dachte Tutty, und sie paßte eine Zeit ab, zu der sie keinesfalls überrascht werden konnte. Das war leicht bei den langen Sitzungen, die der Vorbereitung des Schwimmwettkampfes dienten.

Doch was Tutty danach erfuhr, war selbst für sie, die doch schon allerhand gewöhnt war, zuviel. Sie heulte sich die Augen wund, als sie den langen Brief von Inkas Mutter las. Solche Eltern hätte sie sich gewünscht! Die waren mutig! Sie suchte nun nach den Stellen im Tagebuch, wo Inka etwas über den Berlin-Besuch geschrieben hatte. Doch der kam allzu kurz weg. Tutty fand nicht, was sie suchte. Aber was dann zum Schluß dastand, das versetzte ihr doch den ärgsten Schlag: »Da werde ich bald aus dem Heim rauskommen. Maxi holt mich nach Berlin, hat sie gesagt. Susanne ist dann meine Schwester und der Richter mein Vater. Ein richtiger Adoptivvater. Der hat schon eine Menge Orden, auch wenn er zu Hause alles rumliegen läßt. Ich werde ihm helfen und ihm zeigen, wie wir im Heim Ordnung halten mußten . . .« Kein Wort von ihr, Tutty, die ihre Freundin war. Nur noch Maxi und Susanne und der Richter. Aber die soffen ja auch nicht, sondern kassierten Orden, einen nach dem anderen.

Tutty brütete vor sich hin, um einen Plan auszudenken, der ihr Inka wieder zurückbrachte. Aber sie kam zu keinem Ergebnis. Um sich nicht zu verraten, versöhnte sie sich sogar mit Inka, denn das Geheimnis im Tagebuch bedrückte sie sehr. Jetzt verstand sie auch, warum es Inka ausgerechnet an der Mauer schlecht geworden war, an diesem Brandenburger Tor in Berlin. Mann, das war vielleicht eine verfahrene Kiste! Maxi hatte schon mit Frau Nogler telefoniert, damit Inka den Rest der Ferien bei ihr und Susanne verbringen konnte. Inka mußte nur noch ein paar Sachen abholen, die sie brauchte. Vor allem Mathe sollte sie üben. Aber das trübte ihre Freude auf die kommenden Tage keineswegs. Sie wünschte sich beinahe, daß die letzten Stunden schnell vorbeigingen: die Abschiedsfeier, das Adressenaustauschen mit Swetlana, die Rückfahrt nach Leipzig.

Schöne Pläne werden vereitelt

In den Augusttagen, die sie mit Maxi und Susanne verlebte, vergaß Inka alles, was sie traurig gemacht hatte. Susanne war wie eine richtige Schwester zu ihr und teilte gerecht mit Inka, was sie bekam. Inka half beim Packen, denn der Umzug war schon für Ende August geplant. Aber es sollte nur eine kurze Trennung sein. Bald würde sie auch in Berlin wohnen.

Einmal trafen sie Johanna im Freibad. Inka setzte sich zu ihr, während Susanne die Schwimmübungen fortsetzte.

»Du bist prima, Johanna«, sagte Inka.

Johanna aber fragte: »Du möchtest wohl nicht mehr . . . eine berühmte Sportlerin werden?« Das klang sehr vorwurfsvoll, und Inka errötete. Aber sie wehrte sich gegen diesen Vorwurf.

»In Berlin habe ich genauso gute Trainingsmöglichkeiten.« Sie schämte sich, weil sie in den letzten Wochen das Training nicht sehr ernst genommen hatte. Die Armbanduhr erinnerte sie daran, daß Johanna großes Vertrauen in sie gesetzt hatte.

»Darf ich sie trotzdem behalten?« fragte sie.

Johanna sagte ernst: »Sie war dazu gedacht, Inka, daß du dich in guten und bösen Stunden daran erinnerst, wo du jemanden findest, der dich verstehen wird.«

Als ob das ein Signal gewesen wäre, sprudelte nun alles aus Inka heraus, was sie erlebt hatte. Nur das Geheimnis im Tagebuch berührte sie nicht. Das sollte auch ein für allemal vorbei sein. Ehe ich nach Berlin ziehe, dachte sie, werfe ich das ganze Tagebuch in die Pleiße und fange ein Neues an. Dann ist das alles nicht mehr wichtig für mich.

Wie wichtig das alles für sie sein sollte, erfuhr sie aber schon einen Tag später. Es war überhaupt der schrecklichste Tag für sie, den sie jemals erlebt hatte. Von einer Stunde zur anderen wurde sie in die tiefste Verzweiflung gestürzt.

Susannes Vater, der Richter, war abends aus Berlin gekommen. Maxi war ganz glücklich und erzählte ihm von den Umzugsvorbereitungen.

»Inka und Susanne haben geschuftet wie zwei Große«, lobte sie. Für Inka war jedes Lob von Maxi wie ein Streicheln. Und nun sagte der Richter auch noch: »Na, da müssen wir Inka ja eine besondere Freude machen, wenn sie so fleißig geholfen hat.«

Inka legte sich dann ins Bett und konnte vor lauter Vorfreude nicht schlafen. Susanne schlief längst wie ein Murmeltier, als Inka von der Liege, die Maxi extra für sie in Susannes Zimmer gestellt hatte, leise aufstand. Sie hatte Durst bekommen und wollte in der Küche etwas trinken.

Als sie leise am Elternschlafzimmer vorbeiging, um niemanden zu wecken, hörte sie ihren Namen. Wie gebannt blieb sie stehen. Maxis Stimme klang so, als ob sie weinen würde.

»Ich kann das der Inka nicht sagen. Ich nicht!«

»Vor dir wird sie es nicht so hart empfinden«, entgegnete der Richter.

»Ich kann's nicht. Sie hat schließlich unserer Susanne das Leben gerettet.«

»Dafür bekommt sie die Rettungsmedaille.«

Es war eine Weile still. Inkas Herz klopfte so laut, daß sie glaubte, man müsse es hören. Was konnte ihr Maxi nicht sagen? Was war das so Schreckliches, das man ihr verschwieg?

Endlich sprach der Richter weiter. Seine Stimme war begütigend und ruhig.

»Nimm's doch nicht so tragisch, Maxi. Das Kind ist im Heim aufgewachsen, und wenn Inka erfährt, daß ihre richtige Mutter mit allen Mitteln um sie kämpft, dann wird sie nicht...«

Aber Maxi ließ sich nicht beruhigen. »Das ist keine Mutter in meinen Augen. Hat das Kind hilflos...«

Inka hörte in den nächsten Minuten gar nicht mehr, was gesprochen wurde. Sie lehnte sich an die kühle Wand der Diele, und in ihrem Kopf wirbelten die Gedanken so durcheinander, daß sie die Augen vor Schmerzen schloß. *Sie wissen es! Sie wissen alles! Jetzt ist alles aus! Und schuld daran ist meine Mutter. Alles hat sie mir kaputtgemacht. Ich hasse sie!*

»...Die Frau hat einen Rechtsanwalt beauftragt«, hörte sie den Richter dann sagen. »In den meisten Fällen wird schließlich der Familienzusammenführung zugestimmt, wenn's auch manchmal Jahre dauern kann.«

»Ich kenne auch andere Fälle!« setzte Maxi dagegen. »Du hast mir selbst von solchen Zwangsadoptionen erzählt. Wenn wir uns für Inka entscheiden und du mit allen Beziehungen, die du hast...«

»Du bist wohl nicht bei Trost, Maxi! Denkst du, für ein fremdes Kind, noch dazu eins von Republikflüchtigen, setze ich meine Karriere aufs Spiel? Diese Westverbindung würde man mir doch dauernd ankreiden!«

Wieder Schweigen. Inkas Herz zog sich schmerzhaft zusammen. *Maxi war für sie! Aber Susannes Vater hatte Angst um seine Stelle.*

Zitternd vor Aufregung schlich Inka in ihr Bett zurück. Im Elternschlafzimmer wurde nichts mehr gesprochen. Nur Maxi weinte leise.

Inka lag die ganze Nacht, ohne schlafen zu können. Dann war ihr Entschluß gefaßt. *Nur nichts anmerken lassen,* dachte sie. *So tun, als wüßte ich von allem nichts.* Maxi war besonders freundlich zu ihr, aber diese Freundlichkeit tat Inka weh.

»Was hast du bloß?« fragte Susanne. Aber Inka gab ihr nur ausweichende Antworten. Sie beobachtete alles sehr mißtrauisch. Dabei wußte sie nicht, ob sie Maxis Freundlichkeit als

Hoffnung werten konnte oder ob sie böse darüber sein sollte, daß Maxi ihr etwas vormachte.

Zwei Tage später stand plötzlich Frau Nogler vor der Tür. Gleich nachdem sie Inka begrüßt hatte, verschwand sie mit Maxi im Arbeitszimmer. Inka wurde blaß und preßte die Lippen fest aufeinander. Es fiel ihr schwer, sich so zusammenzunehmen.

Susanne stand erstaunt dabei, als Inka ihre Sachen zusammenpackte.

»Was soll denn das? Wir sind doch noch fünf Tage hier!«

»Wetten, daß ich mit ins Heim muß?« Inka versuchte es mit Bösesein, nur um nicht weinen zu müssen.

»Blödsinn!« sagte Susanne. »Die Frau Nogler ist bestimmt deshalb gekommen, weil wir dich doch nach Berlin nachholen.«

»Nein!« Inka setzte sich auf ihr Bett und ließ die Arme sinken. »Nein, Susanne. Ich weiß, daß es nichts damit wird.«

Susanne hatte so erschrockene Augen, daß Inka fragte: »Hat dir Maxi wirklich nichts gesagt? Sag aber die Wahrheit, schwöre!«

»Ich verstehe das alles nicht«, sagte Susanne und begann zu weinen. »Sag mir doch, was los ist!«

Susanne schwor, keiner Menschenseele etwas zu verraten, was immer auch geschehen würde. Nicht mal Maxi. Dann erzählte Inka, was sie von ihrer Herkunft wußte und was Susannes Vater dazu gesagt hatte.

»Woher weißt du das alles?« fragte Susanne atemlos, denn Inka hatte nur gesagt, was sie wußte, nicht aber, woher sie es wußte. Sie verschwieg auch das Tagebuch. Warum, das konnte sie selbst nicht sagen.

»Ich weiß es eben. Aber auch noch nicht lange.«

»Möchtest du denn zu deiner Mutter?«

»Nein! Nein! Ich will nicht dahin in den Westen. Was soll ich denn dort? Ich kenne ja niemanden!«

»Aber deine Mutter, sie hat dich vielleicht sehr gern?« Inka gab darauf keine Antwort. Was sollte sie denn sagen? Wie sehr sie sich gewünscht hatte, daß Maxi ihre Mutter würde? Es war ja nun sowieso alles kaputt.

»Trainieren brauche ich jetzt auch nicht mehr«, sagte sie nur. »In die Sportschule nehmen die mich nie auf – deswegen.« Susanne drückste herum, und Inka ahnte, daß sie etwas sagen wollte. Endlich tat Susanne den Mund auf. »Ich möchte, daß wir trotzdem wie Schwestern sind. Wir wären es ja fast geworden. Und ohne dich wäre ich im See ertrunken.«

»Ja«, sagte Inka. »Ich wünsche mir auch, daß wir Schwestern wären.« Sie faßte das Medaillon an, in dem Susannes Bild war. »Ich schwöre es.«

In aller Eile, denn sie vermuteten, daß Frau Noglers Gespräch mit Maxi bald beendet sein würde, vereinbarten sie, wie sie zukünftig in Verbindung bleiben konnten – vielleicht ließ sich doch noch ein Weg finden. In Susannes Medaillon verbargen sie einen winzigen Zettel mit der Adresse Margot Sieberts: »Für alle Fälle, wenn ich doch nach dem Westen muß.«

So fand Maxi sie im Kinderzimmer, als sie mit Frau Nogler hereinkam. Maxi war hochrot im Gesicht, und Inka hätte schwören können, daß sie geweint hatte.

Nun wollte Inka schnell alles hinter sich bekommen. Sie nahm sich so zusammen, daß außer Susanne keiner ahnte, wie schwer es ihr fiel. »Sie wollen mich wohl heute schon holen, Frau Nogler? Ich hab' gleich alles zusammengepackt, weil ich mir das dachte.« Sie schaute in ihren Koffer und nicht in Maxis Augen, als sie das sagte. Das hätte sie nicht geschafft, ohne zu heulen.

»Ja, Inka«, sagte Frau Nogler. »Ich dachte mir, daß es für

Frau Kirsten doch zu viel ist, so kurz vor dem Umzug. Frau Kirsten wollte dich zwar noch dabehalten, aber wenn du schon beim Einpacken bist...«

Lüge, alles Lüge! dachte Inka und stopfte den neuen Schlafanzug in den Koffer. Aber nun ist es schon einerlei. Schwindelt nur so weiter. Als sie mit dem Koffer nicht zu Rande kam, schob Maxi sie ein wenig zur Seite und drückte die Schlösser zu. Dann nahm sie Inka in die Arme und sagte nur: »Ach, Inka!«

Auch Susanne fiel ihr um den Hals. »Du bist meine Schwester! Mag sein, was will. Ich schwöre, daß ich zu dir halte!« Inka schluckte und sagte leise zu Susanne: »Und wir hätten nur einen Buchstaben ändern müssen: Statt Karsten hätte ich dann Kirsten geheißen. Nur das i – «

Dann waren sie draußen. Frau Nogler trug den Koffer zur Straßenbahn. Inka sprach während der ganzen Fahrt kein Wort. Als sie im Heim ankamen, nahm Frau Nogler den Koffer mit in ihr Zimmer.

»Ich möchte auspacken«, verlangte Inka, und mit einem Mal zog ihr die Angst fast die Kehle zu. Da war doch noch etwas! Frau Nogler gab den Koffer nicht aus der Hand.

»Komm bitte in einer halben Stunde in mein Zimmer, Ina«, sagte sie. Da ahnte Inka, daß etwas geschehen war.

Im Mauseloch war sie allein, die anderen waren im Freischwimmbad. Inka war es recht, daß sie ihren Gedanken überlassen blieb.

Was war geschehen?

Die Mutter! Vielleicht war die Mutter gekommen, um sie abzuholen? »Nein, ich gehe nicht mit. Nein, ich bleibe hier!« sagte Inka laut vor sich hin. »Ich will nicht zu ihr. Sie hat mir alles kaputtgemacht. Ich will hierbleiben. Auch wenn ich immer im Heim sein muß.« Johannas Armbanduhr zeigte ihr, daß es Zeit war, in Frau Noglers Zimmer zu gehen. Inka klopfte zaghaft an, und sie hörte, daß Frau Noglers Stimme heiser klang, als sie »Herein!« rief.

Die Heimleiterin war nicht allein im Zimmer. Bei ihr befanden sich ein Mann und eine Frau. Inka sah aber gleich, daß sie das SED-Parteiabzeichen trugen. Also konnte es niemand sein, der sie abholte. Doch gleich danach erschrak sie entsetzlich. Auf dem geöffneten Koffer lag ihr Tagebuch. Ebenfalls geöffnet, denn der Brief und das Foto lagen daneben.

»Setz dich, Ina«, sagte Frau Nogler. »Wir haben mit dir zu reden.«

Inka setzte sich auf den nächsten Stuhl. Sie hatte ohnehin das Gefühl, nicht mehr lange stehen zu können. Vor ihren Augen tanzten die Gesichter der anderen, ohne daß Inka sie erkennen konnte. Alles fiel durcheinander, und ihr wurde ganz schwindlig. Sie wissen alles, dachte sie entsetzt. Sie haben mein Tagebuch aufgebrochen. Woher wußten sie...

»Ina«, sagte die Frau mit dem Parteiabzeichen am Jackenaufschlag, »Ina, wir brauchen dir ja nichts zu erzählen. Du weißt ja schon alles. Warum hast du Frau Nogler nichts davon gesagt? Hattest du kein Vertrauen zu ihr?«

»Doch!« sagte Inka leise. »Aber...«

Die Frau ließ sie gar nicht ausreden. »Aber du wolltest selbst darüber nachdenken. Ist es so?«

»Ja«, preßte Inka hervor.

»Sei uns nicht böse, daß wir dein Tagebuch gelesen haben. Wir hatten Angst um dich. Wir wollten nicht, daß du etwas falsch machst«, sagte die Frau sanft. »Aber nun wissen wir ja, wie du darüber denkst, und wir werden dir helfen, daß du nicht zu deiner Mutter – nach drüben – mußt. Das willst du doch nicht, oder?«

»Nein«, sagte Inka. Sie war voller Angst, wußte aber nun gar nicht mehr, wovor sie die meiste Angst hatte. »Ich will zu Maxi und in die Sportschule – und nun ist alles aus.«

»Aber nein, nichts ist aus. Ich sagte dir doch, daß wir dir helfen wollen.«

»Wie denn?« Inkas Blick irrte von einem zum anderen und blieb dann bei Frau Nogler stehen, die undurchdringlich vor sich hin schaute. Nun kam auch noch die Erzieherin, Frau Sachs, ins Zimmer und stellte sich so ans Fenster, daß Inka nicht sehen konnte, ob sie freundlich oder böse schaute.

Der Mann zog seinen Stuhl näher zu Inka heran und sprach dann freundlich zu ihr, aber seine Stimme hatte etwas, das Inka Angst verursachte.

»Paß mal auf, Ina, das geht ganz einfach. Aber es muß eben alles der Reihe nach gehen. Du gibst uns dein Tagebuch und den Brief. Damit können wir beweisen, daß du hier bleiben willst. Deine Mutter muß dann auf dich verzichten. So einfach ist das.«

»Mein Tagebuch?« Inka sprang auf und riß das Tagebuch samt dem Brief an sich. »Sie haben es geöffnet! Ohne Schlüssel!«

Der Mann lachte, und das tat Inka weh. Nein, zu dem hatte sie kein Vertrauen. Der bekam von ihr nicht, was sie aufgeschrieben hatte.

Doch die Frau nahm ihr einfach alles aus der Hand und steckte es in ihre Aktentasche.

»Ich mache das schon«, sagte sie. »Und du kriegst es wieder, wenn wir es nicht mehr brauchen.«

Mit Frau Sachs verließen sie das Zimmer. »Kann ich jetzt meinen Koffer mitnehmen, Frau Nogler?« fragte Inka.

Frau Nogler kam nun hinter ihrem Schreibtisch hervor und sagte: »Die Genossen waren vom Stadtbezirk.«

»Wer hat mein Tagebuch aufgebrochen?« fragte Inka eisig.

»Ich.« Obwohl Frau Nogler das sehr bestimmt sagte, fühlte Inka, daß sie log. »Als du im Ferienlager warst, kam der Antrag deiner Mutter. Darüber muß entschieden werden.«

»Sie sagten, daß meine Eltern tot sind.« Inka war sehr leise geworden. Frau Nogler aber hatte sie verstanden. »Mein Gott, ja, Ina. Versteh mich doch! Sollte ich so einem kleinen Mädchen wie dir alles brühwarm erzählen? Außerdem muß ich mich an die Verordnungen halten.«

Inka klappte ihren Koffer zu und schleppte ihn zur Tür. »Ich will aber dafür in die Sportschule – oder zu Maxi!«

»Ich würde mir da keine Hoffnungen machen«, sagte die Heimleiterin.

Im Mauseloch waren unterdessen die anderen eingetroffen. Inka hatte das Gefühl, fremd zu sein. Auch Tutty war anders geworden. Blaß und verstört lief sie die letzten Ferientage herum. Aber es war nichts aus ihr herauszubekommen.

Dann kam der Schulalltag und überdeckte schließlich mit allen seinen Anforderungen die Geschehnisse der Ferientage. Und Inka wartete. Das Warten machte sie richtig krank. Sie hatte niemanden mehr, dem sie sich anvertrauen konnte. Tutty wich ihr aus, Susanne und Maxi waren in Berlin. Das Tagebuch hatten sie ihr weggenommen. So allein hatte sich Inka noch nie gefühlt.

Manchmal, wenn Herr Kallmus über den Klassenfeind und die Imperialisten sprach, hatte Inka das Gefühl, er meine sie damit, weil ihre Mutter »drüben« war. Sie wurde unsicher und mißtrauisch. Aber ihre Trainingsleistungen verbesserte sie in einem zähen Kampf mit sich selbst.

Und da war dieses neue Wort: »Westverbindung!«

Jetzt, da sie darauf achtete, begegnete es ihr dauernd. Sie hörte es von den Älteren im Training. Die wollten um keinen Preis mit einer Tante oder Oma im Westen was zu tun haben, weil sie sonst nicht zu Wettkämpfen ins kapitalistische Ausland mitfahren durften. Lieber prahlten sie mit Verwandten, die beim Sportbund in Berlin was zu sagen hatten oder gar im ZK. Inka lernte, hellhörig zu werden. Sie lernte auch zu unterscheiden, was die anderen sagten, wenn jemand Wichtiges dabei war oder wenn sie allein waren. Das alles verwirrte und bedrückte sie. Und dann gab sie auf! Eine Sportlerin mit Westverbindung – für die zahlte doch der Staat kein Geld mehr. Und zu Maxi durfte sie auch nicht, weil der Richter sonst seine Stelle nicht behalten konnte.

Abschied für immer

An einem Tag im November war es soweit. Frau Nogler rief Inka zu sich. »Du wirst uns übermorgen verlassen, Ina. Du kommst zu deiner Mutter in den...«

»Was?« schrie Inka. »Ich soll da rüber?«

»Beruhige dich doch. Du kommst zu deiner Mutter.«

Aber Inka konnte sich nicht beruhigen. »Die Leute vom Stadtbezirk haben mir doch versprochen – sie haben doch das Tagebuch...«

Inka sprach nicht weiter. Dafür sagte Frau Nogler: »Ina, du wärst nie auf die Sportschule gekommen. Die Verordnungen...«

»Verordnungen! Haben die vom Stadtbezirk das auch gewußt?«

»Natürlich«, sagte Frau Nogler, bereute aber im gleichen Augenblick, die Wahrheit gesagt zu haben.

»Also belogen haben sie mich. Und das Tagebuch aufgebrochen, nur so. Aber das darf er doch nicht, er ist doch Genosse von der SED.«

»Ina! Bitte!« Frau Nogler wurde streng. »Rede nicht solches Zeug. Deine Mutter hätte dir nicht solche Lügen schreiben dürfen.«

»Das hat der Mann doch vorher nicht gewußt.« Inka weinte.

Sie fühlte sich von allen Seiten verraten. Wem sollte sie noch glauben?

»Übermorgen früh bringe ich dich zur Grenze«, sagte Frau Nogler.

»Niemand hat mich gefragt, ob ich will. Warum muß ich tun, was andere entscheiden, Frau Nogler?«

»Man kann meistens nicht das tun, was man gern möchte. Das ist eben so. Aber es war doch schön hier, nicht wahr?«

»Ja«, sagte Inka. »Aber zuletzt war alles traurig, weil so viel Lüge dabei war. Ich habe Angst, Frau Nogler.«

»Wovor hast du Angst, Ina?«

»Vor allem. Vor meiner Mutter auch. Ich kenne sie nicht. Überhaupt niemanden kenne ich da. Und Herr Kallmus sagt, im Westen sind unsere Feinde.«

»Quatsch!« sagte Frau Nogler. »Überall gibt es solche und solche Leute. Und wenn deine Mutter dich nicht gern hätte, dann hätte sie nicht um dich gekämpft wie eine Löwin. Einen ganz teuren Rechtsanwalt hat sie sich extra dafür genommen.«

»Aber mein Tagebuch…«

Frau Nogler zuckte nur mit den Schultern. »Das siehst du wohl nicht mehr wieder.«

Als Tutty davon erfuhr, heulte sie jämmerlich. »Ick bin schuld dran. Ick janz alleene. Ick wollte nich, daß du nach Berlin jehst – und nu mußte sogar in' Westen.«

Inka war ganz verstört, als sie von Tutty herausbrachte, daß diese ihr Tagebuch gelesen und Frau Sachs davon erzählt hatte, weil sie hoffte, daß Inka dadurch nicht zu Maxi käme.

»Das war gemein, Tutty. Ganz gemein!«

»Ick wollte doch nur wissen, ob du noch meine Freundin bist.«

Tutty bettelte so lange, bis Inka ihr verzieh. Aber es tat weh. Schrecklich weh.

»Wenn du es Frau Nogler erzählt hättest, die wäre nicht zum Stadtbezirk gerannt«, sagte Inka. »Aber die Sachs...«

»Ja. Die is dran schuld«, sagte Tutty. »Frau Nogler hätte das nicht gemacht.«

Und dann kamen alle solche Dinge wie »das letzte Mal« auf sie zu: der Weg zur Schule, die Freunde sehen, zum Training gehen. Nach dem Training fuhr Inka zu Johanna.

»Ich muß fort, Johanna. Nach dem Westen«, sagte sie, als sie in Johannas gemütlichem Zimmer auf der Couch saß und ihre Limonade trank. Johanna setzte sich zu ihr.

»Und das ist so schrecklich für dich?«

»Ja«, sagte Inka. »Ich habe Angst.« Und dann sprach Inka sich alles von der Seele, was sie in den letzten Monaten erlebt hatte. Johanna sprach nicht gleich. Dann sagte sie: »Du hast Angst vor dem Unbekannten. Du wehrst dich dagegen, daß man dich nicht um deine Meinung gefragt hat. So ist das aber oft im Leben. Jetzt kann ich es dir ja sagen, wie es bei mir war. Ich wollte erst gar keine Sportlerin werden. Aber man redete es mir ein. Als ich dann aufhören mußte, fragte man mich wieder nicht. Eine Kommission sagte einfach: ›Schluß!‹ Weil nicht mehr aus mir rauszuholen war, steckte man auch kein Geld mehr in mich hinein. Von einem Tag zum anderen mußte ich abtrainieren, statt zu Wettkämpfen zu fahren...«

»Warum hast du mir das nicht früher schon erzählt?«

»Von zehn oder zwanzig Mädchen schafft es vielleicht eine, und vielleicht hättest du das geschafft.«

»Wußtest du, daß ich nicht zur Sportschule darf?« fragte Inka. »Nichts Genaues. Ich wollte dir eine Chance geben. Aber unsere Sportfunktionäre sagten mir, ich solle die Finger davon lassen, weil du Westverwandtschaft hast.«

»Meine Mutter«, sagte Inka bitter. »Alle wußten es. Nur ich

nicht. Warum hat man mir nichts gesagt? Wenn die Frau mit dem Brief nicht gewesen wäre, dann hätte ich heute erst alles erfahren.«

»Diejenigen, die es angeht, erfahren es immer erst zuletzt.« So bitter hatte Inka ihre ehemalige Trainerin noch nie gesehen.

»Ich werde dir schreiben«, versprach sie.

Johanna stand auf und ging ans Fenster. Sie drehte sich nicht um, als sie leise sagte: »Nein, Inka. Bitte, tu das nicht. Wenn ich als Trainerin später mit ins Ausland will, dürfen sie mich nicht mit Westverbindungen erwischen. Wir müssen jetzt Abschied nehmen. Für immer.«

Warum? Warum nur? fragte sich Inka immer wieder, als sie schon längst auf der Straße stand. Bin ich denn anders geworden, nur weil ich jetzt in den Westen soll? Was ist das für ein Unterschied zwischen hüben und drüben? Herr Kallmus sagt, dort leben unsere Feinde, und Frau Nogler hat gesagt, es gibt dort auch Menschen, die gut sind. Muß man vor allen Angst haben?

Sie war einsam wie noch nie. Wenn ich jemandem schreibe, den ich gern habe, dann kriegt der Ärger, dachte Inka traurig. Ich kann niemanden mehr haben, der mein Freund ist. Maxi nicht und auch nicht Susanne, weil dann der Richter seine Stelle nicht behalten darf. Johanna nicht, weil die sonst nicht Trainerin wird. Und vielleicht wird Frau Nogler mich auch nicht mehr haben wollen und meine Briefe nicht an Tutty weitergeben.

Ich habe niemanden mehr. Niemanden auf der Welt.

Inka ging durch die Straßen, die sie kannte, und sah nichts um sich herum. So sehr bedrückten sie ihre Gedanken. Sie wischte nicht mal die Tränen ab, die ihr über die Wangen liefen.

Abends schrieb sie noch einen Brief an Maxi. Aber als das

alles so auf dem Papier stand, kam es ihr fremd vor. Sie gab Tutty den Brief, damit sie ihn in den Briefkasten steckte.

»Ich trau' nur noch dir«, sagte sie. »Leute, die Tagebücher aufbrechen…« Sie schwieg, weil Tutty plötzlich Tränen in den Augen hatte.

»Und mir traust du?« fragte Tutty schluchzend. »Wo ich…«

»Ja. Weil du mich gern hast.«

»Ich kann dir ja schreiben«, tröstete Tutty. »Mama wird mir schon helfen.«

Inka schaute in die Krone der Kastanie. Das Herbstlaub war abgefallen, nur noch einzelne Blätter hingen in den Ästen. Auch die glänzenden braunen Kastanien waren längst aufgelesen. Vor Weihnachten würde Frau Nogler mit den Heimkindern daraus wieder schöne, kleine Geschenke basteln. Als die Kastanie weiße Kerzen hatte, hatte sich ihr Leben zu ändern begonnen. Nichts war so geblieben, wie es die Jahre vorher war. Sie hatte Liebe und Freundschaft kennengelernt, aber auch Lüge und Enttäuschungen. Und Alleinsein.

Ihre geregelte Welt war in Unordnung geraten, und Inka fand sich in den neuen Regeln noch nicht zurecht. Bei Herrn Kallmus hatte sie gelernt: Im Westen wohnt der Klassenfeind. Und ihre Mutter schrieb: Wir wollten in die Freiheit. Was ist das, die Freiheit?

Und warum schossen Grenzsoldaten auf Menschen, die nichts getan hatten?

Zum ersten Mal kamen Inka Zweifel an dem, was sie gelernt hatte. Sprachen alle nur so, wie es für sie gut war? Wo erfuhr man die Wahrheit? Von der Mutter, die sie nicht kannte?

Zum ersten Mal dachte Inka jetzt an das Kommende.

Wie wird das sein in der neuen Schule, bei der Mutter drüben? Drüben. Eine andere Welt. Eine, die sie nicht kannte und die sie hassen sollte. Warum schickte man sie dann dorthin?

Als Inka dann zum letzten Mal in ihrem Bett lag, begann sie zu frieren beim Gedanken an all das Neue, angefangen von den Sachen in ihrem Koffer bis zu dem, was sie am nächsten Tage erwarten würde.

Unter sich hörte sie Tutty leise weinen. Sie hatten kaum noch gesprochen in den letzten Stunden. Nur Angelika und Brit redeten in einem fort, so daß Inka froh war, als das Licht gelöscht werden mußte. Als Tutty nicht aufhörte zu weinen, kletterte Inka aus ihrem Bett und schlüpfte zu Tutty unter die Decke.

»Ob sie dich auch weggeholt hätten, wenn ich nicht – mit dem Tagebuch . . .?«

»Ja«, sagte Inka. »Sie haben das gemacht, und keiner hat mich gefragt, als ob ich – eine Sache wäre.«

»Ick bleibe deine Freundin«, sagte Tutty. »Und nu will ick nich mehr hier bleiben. Ick will nu zu Mama.«

Sie schliefen dann doch noch ein, aber ihr Schlaf war unruhig von wirren Träumen.

Am Morgen ging es dann für immer fort. Mit einem »Wartburg« des Stadtbezirks fuhren sie durch die Innenstadt, vorbei an der Post und am Bahnhof. Im Norden stieg dann die Frau zu, die Inka den Brief und das Tagebuch weggenommen hatte. Sie sagte: »Es ist nicht nötig, Frau Nogler, daß Sie mitfahren.«

»Ich fahre mit«, sagte Frau Nogler sehr bestimmt und hielt Inkas Hand in der ihren.

Auf der Autobahn ging's bis nach Eisenach und dann zur Grenze. Inka sprach kein Wort. Ihr war hundeelend zumute. Aber sie zwang sich, nicht zu weinen. Der Frau vom Stadtbezirk wollte sie nicht zeigen, wie traurig sie war.

An der Grenze wurden sie in eine Baracke geführt und dort in ein Zimmer gebracht. Sie schwiegen, und Inka hatte

Angst. Nach einer halben Stunde kam die Frau vom Stadtbezirk mit einem Offizier der Nationalen Volksarmee wieder.

»Verabschiede dich. Frau Nogler kann nicht weiter mitgehen.«

Frau Nogler nahm Inka in die Arme und sagte: »Mach's gut, Mädchen.«

Dann ging Inka zwischen der Frau und einem Grenzsoldaten auf der asphaltierten Straße davon. Baracken, Maschendrahtzaun, hohe bepflanzte Erdwälle, hinter die sie nicht schauen konnte.

War dort der Stacheldraht?

Die Straße begann unter Inkas Füßen zu schwanken, und sie hatte Angst, hinzufallen. Sie schaute nur noch auf ihre Füße.

Dann kamen ihnen zwei Männer entgegen. Einer in Uniform und einer in Zivilkleidung. Sie grüßten, ohne einander die Hand zu geben. Inka verstand nicht, wovon sie sprachen. Sie hatte nur noch Angst. Angst vor dieser Asphaltstraße und dem hohen Maschendrahtzaun. Das alles war *die Grenze.*

Autos waren unterwegs, von hüben und von drüben.

Wo war jetzt hüben? Und wo war jetzt drüben?

Die beiden Fremden nahmen Inka in die Mitte, der Mann in Zivil trug ihren Koffer. Inka ging mit ihnen davon, ohne sich umzudrehen.

Wieder Straße, Asphalt. Alles verschwamm vor Inkas Augen. Sie hielt sich am Ärmel des Mannes fest, der ihren Koffer trug.

»Na, lauf doch schon!« sagte der Mann und zeigte nach vorn. Inka lief auf unsicheren Füßen auf der Straße, die eine Grenze war zwischen Deutschland und Deutschland. Und wieder fühlte sie sich maßlos verlassen – der einen Seite nicht mehr zugehörig und von der anderen Seite noch nicht aufgenommen. Sie gehörte in den Minuten, die ihr endlos schienen, zu niemandem.

Unter ihren Füßen begann der Asphalt zu schaukeln, und nur ganz undeutlich sah Inka auf der Straße eine Frau stehen. Sie hatte kein langes, dunkles Haar wie in Inkas Traum. Sie hielt auch die Arme nicht ausgebreitet, um Inka aufzufangen. Trotzdem fühlte sich Inka, als sie dorthin lief, wo die Frau stand, wie in ihrem Schaukeltraum. Und irgendwie hatte sie plötzlich den Wunsch: Fang mich doch auf, Mutter.

Nachwort

Nun will ich euch noch einige Dinge aus dem Alltag der Kinder erzählen, die – oftmals gar nicht so weit entfernt von euch – in dem Teil Deutschlands leben, in dem auch ich 34 Jahre lang zu Hause war. Ich nahm an Unterrichtsstunden in Schulen teil, diskutierte mit Kindern in Ferienlagern und in Bibliotheken, besuchte sie in Kinderheimen in vielen Orten der DDR.

Von einem Mädchen aus einem Kinderheim handelt auch diese Erzählung. Es ist keine erfundene Geschichte, man hat sie mir selbst erzählt. Doch diejenigen, die mir das alles erzählten, dachten darüber ganz anders. Für sie gilt das, was man auch Inka beigebracht hatte: Menschen, die nicht in einem sozialistischen Land leben oder nicht mehr dort leben wollen, sind Klassenfeinde oder Verräter der Republik.

Ich habe das Buch aber auch geschrieben, damit ihr den Alltag der Kinder in der DDR ein wenig kennenlernt, der für euch viel Fremdes hat. Vieles habt ihr sicherlich abgelehnt, aber ihr findet gewiß auch vieles, was euch sympathisch ist: Freundschaft beispielsweise, Mut und Ehrlichkeit.

Euch kommt es bestimmt ungewöhnlich vor, daß alle Kinder in der DDR bereits im ersten Schuljahr im Verband der »Jungen Pioniere« organisiert sind und das blaue Halstuch, das zur Pionierkleidung gehört, mitunter auch zur täglichen Kleidung tragen. Bei Freundschaftstreffen mit sowjetischen Kindern tauschen sie dann oft ihre Halstücher gegen die roten der Leninpioniere.

Der Pioniergruß »Seid bereit!« wird auch von den Lehrern vor jeder Unterrichtsstunde benutzt und mit dem »Immer bereit!« der Schüler beantwortet, was auch mit der Meldung verbunden ist, wie viele Schüler zur jeweiligen Stunde anwesend sind. Auch zu offiziellen Anlässen wie Fahnenappellen, Freundschaftstreffen, im Pionierferienlager, bei Spartakiaden und ähnlichen Gelegenheiten gehören Pioniergruß und Meldung dazu.

Was es mit den Jugendspartakiaden auf sich hat? Das sind Sportveranstaltungen, bei denen u. a. solche Kinder ausgewählt werden, die besonders talentiert sind. Diese werden dann in speziellen Trainingsgruppen gefördert. Die Besten bildet man in Kinder- und Jugendsportschulen aus. Das war bei vielen Spitzensportlern der DDR so.

Wie Inka träumen viele junge Menschen in der DDR von großen sportlichen Erfolgen, weil – neben dem Ruhm – damit auch viele Annehmlichkeiten verbunden sind, die anderen Jugendlichen versagt bleiben oder nur schwer erreichbar sind: Reisen, auch ins nichtsozialistische Ausland, beste Berufschancen, oft sogar ein Studienplatz an der Deutschen Hochschule für Körperkultur in Leipzig.

Aber es werden eben auch hier nur die gesehen, die es geschafft haben. Von denen, die auf der Strecke bleiben, spricht niemand gern. Das ist überall in der Welt so.

Junge Pioniere werden schon vom ersten Schultag an dazu erzogen, kollektiv, d. h. auf eine Gruppe bezogen, zu denken. Nicht der einzelne gilt, sondern das Klassenkollektiv, die Pionierfreundschaft. Vielleicht werdet ihr solche Mädchen wie Carola nicht mögen, doch Carola strebt keinen persönlichen Vorteil an. Noch nicht. Sie tut nur unbewußt das, was sie von den Erwachsenen lernt, die sie sich zum Vorbild genommen hat. Ob sie später einmal ein Mensch wird, der rücksichtslos alles durchsetzt, um »oben« nicht anzuecken, das wird sich zeigen. Wünschen wir es ihr nicht.

In dieser Geschichte will sie nur für ihr Klassenkollektiv einen guten Platz im Schuldurchschnitt erreichen. Ob sie dabei die richtigen Methoden anwendet, bleibt dahingestellt. Susanne würde das sicher anders machen. Tutty gewiß auch.

Begriffe wie Brigadetagebuch, Patenklasse und Sozialistische Brigade sind euch sicher nicht geläufig. Aber die meisten Menschen in der DDR leben mit diesen Worten, die für sie genauso wichtig sind wie die Planerfüllung. Planschulden (also wenn ein Betriebskollektiv das Plansoll nicht erfüllt hat) bringen materielle Nachteile. Das kann mitunter die Jahresendprämie kosten, was hier etwa mit dem dreizehnten Monatsgehalt vergleichbar wäre. Um eine Jahresendprämie zu erhalten, müssen aber alle Punkte im Brigadetagebuch stimmen, nicht zuletzt die gesellschaftliche Mitarbeit. Die Höhe der Prämie staffelt sich dementsprechend.

Deshalb wird in jedem Brigadetagebuch genau darüber abgerechnet, ob alle Punkte erfüllt sind. Eine Sozialistische Brigade zu sein, bedeutet Prämien und Auszeichnungen. Und einen der Punkte, die zählen, bekommt die Brigade für die gute Verbindung zu einer Patenklasse wie zwischen der Frauenbrigade im VEB Perfecta und der Klasse 4 b.

Mit all diesen Dingen werden die Jungen Pioniere schon sehr früh vertraut gemacht, und gemeinsame Besuche von Kulturveranstaltungen, Selbstverpflichtungen auf den verschiedensten Gebieten, Disziplin und Teilnahme – selbst an Arbeitsgemeinschaften, die ihnen nicht gefallen – gehören zu ihren Pflichten. Ihr könnt es in der Geschichte mit dem sowjetischen Ehrenmal, an Carolas »Selbstverpflichtungen«, der Unterrichtsstunde in Staatsbürgerkunde und in vielen anderen Episoden nachlesen. Viele denken über all das gar nicht nach. Sie handeln so, wie es ihnen einige Funktionäre vormachen, und kommen damit recht gut durch den sozialistischen Alltag. Sie haben ihre Vorbilder in denjenigen Partei- und Staatsfunktionären, die es sich zur Methode gemacht haben, nach »oben«, d. h. zu ihren übergeordneten Dienststellen, nur positive Ergebnisse zu melden, was wiederum ihnen gute Arbeit bescheinigt und Orden und Prämien einbringt.

Orden – das ist auch ein Punkt, zu dem ich etwas erklären muß: In der sozialistischen Gesellschaft gelten Orden und Auszeichnungen sehr viel, und es gibt auch viele Gelegenheiten, sich einen Orden zu verdienen. In den meisten Fällen ist die Verleihung mit einer Geldprämie – mitunter auch mit einem späteren Rentenzuschuß – verbunden. Aber auch hier wird gesellschaftliche Arbeit, d. h. politisches Engagement, oft höher gewertet als fachliche Leistungen. Wer sich in Produktion und gesellschaftlicher Arbeit besonders hervortut, kann Aktivist werden. Ein solch vorbildlicher Arbeiter wird mit Orden und Prämien ausgezeichnet.

Es gibt aber auch viele Leute, die das nicht so einfach hinnehmen und sich ihre eigenen Gedanken dazu machen. Für die ist es schwerer, weil sie ihre Weltanschauung nicht als Aushängeschild vor sich her tragen können. Aber ich finde, sie sind die Besseren, die Ehrlicheren. Tutty gehört zu ihnen, Susanne, Frau Nogler, Johanna. Und Inka. Inka, die in ganz anderen gesellschaftlichen Verhältnissen aufgewachsen ist, wird vieles, was ihr hier in der Bundesrepublik begegnet, mit ganz anderen Augen sehen als ihr. Sie kommt ja in ein Land, das ihr fremd ist, von dem es »drüben« hieß, daß hier der Klassenfeind lebt. Inka wird lernen müssen, Vorurteile abzubauen, das Schöne zu erkennen, über das weniger Schöne mit euch zu sprechen. Ehrlich und gerecht abwägen, so wie es ihre Art ist.

Viele Fragen sind noch offen. Wird sie zur Mutter ein gutes Verhältnis haben? Wird sie begreifen, was ihr Vater unter Freiheit verstand? Was wird sie mit dieser Freiheit anfangen, die ihr Entscheidungen abverlangt, die nur sie allein treffen kann?

Eines ist sicher: Inka wird versuchen, mit all dem Neuen fertig zu werden, auch wenn es nicht immer einfach für sie ist. Und sie wird es schaffen, weil sie gewohnt ist, sich ein Ziel zu setzen – wie im Sport.

Isolde Heyne

Unter dem Titel »Treffpunkt Weltzeituhr« liegt eine Fortsetzung des Romans »...und keiner hat mich gefragt!« vor. In »Treffpunkt Weltzeituhr« erinnert sich Inka, inzwischen 14 Jahre alt, während einer Klassenfahrt nach Berlin an die Kette der Ereignisse seit ihrem Wechsel von der DDR in die Bundesrepublik. »Treffpunkt Weltzeituhr« wurde mit dem *Deutschen Jugendbuchpreis 1985* ausgezeichnet.

ArenaBücher. Das Leben erleben.

Isolde Heyne
Sternschnuppenzeit
Als Annegret mit ihren Eltern von Frankfurt am Main
nach Leipzig zu Bekannten fährt, ist sie darüber nicht
sonderlich begeistert. Bis sie Sascha kennenlernt und
sich beide ineinander verlieben. Voller Optimismus
wollen Annegret und Sascha alle Schwierigkeiten überwinden, die sich ihrer Liebe entgegenstellen. Sie akzep-
tieren nicht, daß die Grenze zwischen beiden deutschen
Staaten für sie ein unüberwindliches Hindernis sein
soll. Als Annegret schließlich bemerkt, daß sich Sascha
all seine Lebenspläne verbaut, um ihr möglichst oft
nahe zu sein, trifft sie eine schwierige Entscheidung...
158 Seiten. Gebunden. J u. E

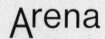